UTB

UTB 3017

Eine Arbeitsgemeinschaft der Verlage

Böhlau Verlag · Köln · Weimar · Wien
Verlag Barbara Budrich · Opladen · Farmington Hills
facultas.wuv · Wien
Wilhelm Fink · München
A. Francke Verlag · Tübingen und Basel
Haupt Verlag · Bern · Stuttgart · Wien
Julius Klinkhardt Verlagsbuchhandlung · Bad Heilbrunn
Lucius & Lucius Verlagsgesellschaft · Stuttgart
Mohr Siebeck · Tübingen
C. F. Müller Verlag · Heidelberg
Orell Füssli Verlag · Zürich
Verlag Recht und Wirtschaft · Frankfurt am Main
Ernst Reinhardt Verlag · München · Basel
Ferdinand Schöningh · Paderborn · München · Wien · Zürich
Eugen Ulmer Verlag · Stuttgart
UVK Verlagsgesellschaft · Konstanz
Vandenhoeck & Ruprecht · Göttingen
vdf Hochschulverlag AG an der ETH Zürich

Annemarie Fritz, Gabi Ricken

Rechenschwäche

Ernst Reinhardt Verlag München Basel

Prof. Dr. Annemarie Fritz lehrt Pädagogische Psychologie
an der Universität Duisburg-Essen
Dr. Gabi Ricken lehrt Sonderpädagogische Psychologie
an der Universität Hamburg

Lektorat / Redaktion im Auftrag des Ernst Reinhardt Verlages:
Ulrike Auras, München

Bibliografische Information der Deutschen Nationalbibliothek

Die Deutsche Nationalbibliothek verzeichnet diese Publikation in der
Deutschen Nationalbibliografie; detaillierte bibliografische Daten
sind im Internet über <http://dnb.d-nb.de> abrufbar.

UTB-ISBN 978-3-8252-3017-3
ISBN 978-3-497-01976-2

Reihenkonzept und Umschlagentwurf: Alexandra Brand
Umschlagumsetzung: Atelier Reichert, Stuttgart
Satz: Arnold & Domnick, Verlagsproduktion, Leipzig
Druck: Friedrich Pustet, Regensburg
Printed in Germany

ISBN 978-3-8252-3017-3 (UTB-Bestellnummer)

Ernst Reinhardt Verlag, Kemnatenstr. 46, D-80639 München
Net: www.reinhardt-verlag.de E-Mail: info@reinhardt-verlag.de

Inhaltsverzeichnis

Einleitung

Im Zuge der Teilnahme Deutschlands an den internationalen Bildungsgangstudien verständigte sich die erziehungswissenschaftliche, psychologische und fachdidaktische Diskussion auf ein neues Paradigma: den Begriff der Kompetenz. Als Kompetenzen bezeichnet man die Leistungsfähigkeiten einer Person in einem bestimmten Gegenstandsbereich (Domäne). Sie werden definiert als die spezifischen kognitiven Fähigkeiten und Fertigkeiten, die erforderlich sind, um Probleme in dem jeweiligen Gegenstandsbereich erfolgreich zu lösen. Damit geht der Kompetenzbegriff weit über das abprüfbare curriculare Wissen hinaus, da er vor allem die Anwendung des Gelernten auf „lebensweltliche" Bezüge bzw. auf nicht im Unterricht behandelte neue Situationen impliziert. Das bedeutet, Kompetenzen zeigen sich darin, dass spezifische Kenntnisse zur Bewältigung unterschiedlicher Anforderungen und in unterschiedlichen Kontexten eingesetzt werden können.

Um den Umfang, in dem jemand über spezifische Kompetenzen (z.B. im Bereich Mathematik) verfügt, einzuschätzen, werden die Leistungen der Schülerinnen und Schüler mit einer Skala (bisher meist nur mit einer) nach Kompetenzstufen oder -niveaus unterschieden. Eine hohe Kompetenz steht für umfassende Kenntnisse im jeweiligen Wissensbereich, entsprechend bedeutet eine geringe Kompetenz, dass nur grundlegende „erste" Kenntnisse vorhanden sind, um Anforderungen des Gegenstandsbereichs zu bewältigen.

Auf diese Weise kann einerseits die Leistungsfähigkeit des Bildungssystems abgebildet und ein konzeptueller Rahmen für Bildungsstandards geschaffen werden. Andererseits ermöglicht die Einteilung von Leistungen in Kompetenzniveaus auch eine Abbildung individueller Unterschiede zwischen Kindern nach qualitativen Aspekten. Damit lassen sich auch rechenschwache Kinder hinsichtlich ihrer Fähigkeiten in ein Kompetenzraster einordnen, sodass auf das Niveau ihrer aktuellen Kompetenzentwicklung geschlossen werden kann. Da Kompetenzniveaus zugleich auch als Entwicklungsniveaus zu interpretieren sind, ist sodann der aktuelle Kenntnisstand mit der Zone der nächsten Entwicklung in Beziehung zu setzen. Damit steht ein individueller Bezugsrahmen für die Bewertung der Entwicklung, die Begründung von Förderzielen und die Bewertung von Veränderungen zur Verfügung.

Die Kompetenzperspektive ist im vorliegenden Buch für die Einordnung und Interpretation von „Rechenschwächen" leitend und soll Rechenschwächen als unterschiedlich stark ausgeprägte Entwicklungsrückstände verstehbar machen: Rechenschwache Kinder bleiben im Prozess der Entwicklung von Konzepten und Kompetenzen auf bestimmten Niveaustufen „stehen".

Ausgehend von frühen Kompetenzen steht die Frage im Mittelpunkt, wie diese aufeinander aufbauen, welche Niveaus sich unterscheiden lassen und ob „Nadelöhre" oder „Meilensteine" auszumachen sind, die eine besondere Bedeutung für die Entwicklung von Rechenkompetenzen bzw. Rechenschwächen haben. Wir verstehen Rechenstörungen also aus einer entwicklungsorientierten Perspektive heraus. Unter dieser Perspektive werden schließlich diagnostische Ansätze systematisiert und hinsichtlich ihrer Aussagen bewertet sowie Fragen der Entwicklung von Förderkonzepten diskutiert.

Dafür werden zunächst Ansätze, die sich aus verschiedenen Perspektiven mit der Erkennung von Rechenschwierigkeiten bzw. mit der Förderung rechenschwacher Kinder befassen, ausgewertet. Über eine rein additive Darstellung der unterschiedlichen Perspektiven hinaus wird dann in diesem Buch der Versuch unternommen, ein einheitliches Konzept zu entwickeln, mit dem ein Bogen von den wesentlichen Meilensteinen der Entwicklung zu diagnostisch brauchbaren Aufgaben geschlagen wird, deren Auswertung zugleich Ansatzpunkte für die Konzipierung der Förderung liefert. Diagnostik und Förderung werden in einen gemeinsamen entwicklungstheoretischen Bezugsrahmen gesetzt.

Diese theoretische Orientierung soll Lehrerinnen und Lehrern einen Zugang bieten, eigene Beobachtungen und Kenntnisse einzuordnen und als Basis für das eigene pädagogische Handeln zu nutzen.

Rechenschwäche oder Rechenschwierigkeiten? – Probleme bei der Eingrenzung und Bestimmung des Gegenstands

1

Schwierigkeiten beim Erlernen von Mathematik gelten im Unterschied zum Erlernen der Schriftsprache als gesellschaftsfähig. Ohne einen Verlust des Ansehens befürchten zu müssen, kann man Probleme im Mathematikunterricht und schlechte Zeugnisnoten in diesem Fach zugeben. Trotz dieser eher geringschätzigen Haltung gegenüber der Mathematik werden die schwachen mathematischen Leistungen deutscher Schüler und Schülerinnen in den internationalen Vergleichsstudien aber mit Erschrecken zur Kenntnis genommen: 49,9 % der 15-jährigen Hauptschüler und 23,4 % der Gesamtschüler der gleichen Altersstufe verfügen nicht über die elementarsten Grundkenntnisse in Mathematik (Pisa-Konsortium 2004). Bedeutet dieses Ergebnis, dass alle diese Schülerinnen und Schüler eine Rechenschwäche oder Rechenstörung haben, oder sind ihre geringen Leistungen lediglich auf ein mangelndes Interesse am Fach Mathematik zurückzuführen?

Da Angaben zu Häufigkeiten immer davon abhängen, welche Kriterien zur Bestimmung dieser Häufigkeiten herangezogen werden, soll es zunächst um die Frage gehen, wie „Rechenschwächen" oder „Rechenstörungen" definiert werden, um im Anschluss daran zu überlegen, wie die große Zahl von Schülern mit massiven Rechenschwierigkeiten einzuordnen ist.

Definition „Rechenschwäche"

Um Krankheiten und Störungsbilder weltweit einheitlich zu diagnostizieren, wurde von der Weltgesundheitsorganisation (WHO) die „Internationale statistische Klassifikation der Krankheiten und verwandter Gesundheitsprobleme" (ICD-10, Dilling et al. 1993) erstellt und im

Auftrag des Bundesministeriums für Gesundheit ins Deutsche übertragen. In der ICD-10-Klassifikation wird eine Rechenschwäche unter der Kategorie „umschriebene Entwicklungsstörung schulischer Fertigkeiten" als „umschriebene Entwicklungsstörung des Rechnens" bezeichnet. Der Begriff „umschrieben" bedeutet hier, dass sich die Problematik ausschließlich auf den Bereich des Rechnens, insbesondere auf grundlegende Rechenfertigkeiten wie Addition, Subtraktion, Multiplikation und Division bezieht.

Definition

Analog zur Diagnose der umschriebenen Entwicklungsstörung des Lesens und Schreibens (Lese-Rechtschreib-Schwäche oder Legasthenie) wird eine Rechenschwäche dann diagnostiziert, wenn die Leistungen des Kindes in einem standardisierten und normierten Rechentest weit unter dem Wert liegen, der aufgrund des Alters und der Intelligenz zu erwarten wäre. Das zentrale Kriterium für die Diagnose ist die Diskrepanz zwischen den Leistungen im Intelligenztest und den Leistungen im Rechentest.

Begründet wird das *Diskrepanzkriterium* damit, dass von Kindern mit einer durchschnittlichen Intelligenz zu erwarten ist, dass sie angemessen vom Unterricht profitieren und im gleichen Tempo wie ihre Klassenkameraden lernen. Voraussetzung dafür ist natürlich, dass die Kinder weder durch Krankheiten lange Fehlzeiten in der Schule hatten noch durch Sinnesbehinderungen in ihrem Lernen eingeschränkt sind.

Die Diskrepanz zwischen den Testergebnissen muss deutlich sein, gefordert wird ein Unterschied von 1½-2 Standardabweichungen. Bei einer sehr schwachen Rechenleistung (PR ≤ 15 in einem Rechentest) soll die Leistung im Intelligenztest ungefähr im Durchschnittsbereich liegen (IQ > 85 oder 70). Außerdem müssen die Schwierigkeiten von Anfang an bestehen und die schulische Entwicklung behindern.

Diese Definition ist nicht unumstritten, insbesondere das Diskrepanzkriterium ist vielfach problematisiert und kritisiert worden (Fritz / Ricken 2005; Lorenz 2003; Schipper 2003). Bei Klassifikationen von Lernstörungen stellt sich immer die Frage, wie zuverlässig und stabil solche „Diagnosen" getroffen werden können (Mazzocco / Myers 2003). Dies insbesondere dann, wenn erst die Erfüllung dieser Kriterien zur Förderung berechtigt bzw. erst unter diesen Bedingungen personelle und finanzielle Ressourcen bereit gestellt werden (z. B. Finanzierungen außerschulischer Förderungen in einigen Bundesländern).

Es müssen dafür die „richtigen Kinder" erkannt und Kinder, die nur vorübergehend und in einzelnen Bereichen Schwierigkeiten im Rechnen haben, von Kindern mit umfassenderen Rechenstörungen unterschieden werden.

Die Einhaltung des Diskrepanzkriteriums bei der Diagnose bedeutet aber auch, dass bei einigen Kindern die Schwierigkeiten nicht erkannt werden, weil die Differenzen zu klein sind. In der Folge wären diese Kinder aus der spezifischen Förderung ausgeschlossen (Schipper 2003). Hinzu kommt, dass Intelligenztests in der Regel Aufgaben (z. B. Klassenbildungen, Reihenfortsetzungen, Vergleichen von Mustern) beinhalten, die auch für die Entwicklung mathematischer Kompetenzen als relevant gelten (Lorenz 2005). Bearbeiten rechenschwache Kinder nun solche Aufgaben, wird unter Umständen ihr Intelligenzwert so weit nach unten gedrückt, dass sie keinen durchschnittlichen Intelligenzwert mehr erreichen. Damit würden sie das Diskrepanzkriterium nicht erfüllen und wären von einer gezielten Förderung ausgegrenzt (Schipper 2003).

Neben diesen Kindern würden auch jene keine spezielle Förderung erhalten, deren Intelligenzwerte im unterdurchschnittlichen Bereich liegen, obwohl sie für den mathematischen Bereich eine spezifische Unterstützung benötigen. Die für diese Kinder üblicherweise realisierte behindertenpädagogische Förderung schließt jedoch eine spezifische mathematische Förderung nicht automatisch ein.

Die Frage, ob rechenschwache Kinder mit durchschnittlicher Intelligenz von rechenschwachen Kindern mit unterdurchschnittlicher Intelligenz in Bezug auf ihre Rechenleistung qualitativ zu unterscheiden sind, wurde bislang kaum untersucht. Jiménez González und García Espinel (2002) z. B. publizierten eine Studie mit Kindern im Alter von 7 bis 9 Jahren, die in drei Gruppen eingeteilt waren: Rechenschwache Kinder mit einer Diskrepanz zwischen Intelligenz- und Rechenleistungen, rechenschwache Kinder ohne Diskrepanz sowie Kinder mit durchschnittlichen Intelligenz- und Rechenleistungen. Zu lösen waren einfache Sachaufgaben im Zahlenraum bis 20 mit verschiedenen gesuchten Mengen (Ausgangsmenge, Teilmenge, Endmenge). Wie erwartet, war die Lösungswahrscheinlichkeit bei den im Rechnen unauffälligen Kindern höher als in den anderen beiden Gruppen. Die beiden Gruppen der rechenschwachen Kinder unterschieden sich aber weder in der Lösungshäufigkeit noch in den Lösungsstrategien voneinander.

Auch die Annahme, dass Rechenschwächen „umschriebene Entwicklungsstörungen" sind und sich ausschließlich auf den Bereich des Rechnens beziehen, wurde durch Untersuchungen in jüngerer Zeit infrage gestellt. Schwenck und Schneider (2003) konnten belegen, dass sich Rechenstörungen durchaus in Verbindung mit Lese-Rechtschreib-Schwächen bei durchschnittlicher Intelligenz entwickeln können.

Dies spricht dafür, in künftigen Untersuchungen eher nach Gemeinsamkeiten in der Entwicklung rechenschwacher Kinder zu suchen, als durch weitere Kriterien weitere Differenzierungen vorzunehmen (Stanovich 1999; Grube 2008). Insofern bedürfen alle Kinder mit Schwierigkeiten im Rechenerwerbsprozess einer gezielten Unterstützung, damit sich nicht Schwierigkeiten beim Erwerb des Basiswissens zu massiven mathematischen Problemen ausweiten (Schipper 2003).

Neben diesen kritisch zu sehenden Aspekten enthält die ICD-10-Definition einen sehr wesentlichen Gedanken: Probleme im Rechnen sollen „von Anfang an“ bestehen. Neuere Untersuchungen sprechen für die Bedeutung dieses Kriteriums: Bereits im Kindergartenalter können Prädiktoren bestimmt werden, aus denen die Entwicklung von Rechenstörungen vorherzusagen ist. Was „von Anfang an“ bedeutet und um welche Prädiktoren es sich handelt, wird weiter unten in diesem Kapitel und in Kapitel 2 noch genauer ausgeführt.

Prävalenz der Rechenschwäche

Nach den ICD-10-Kriterien kommen Rechenstörungen etwa gleich häufig vor wie Lese-Rechtschreib-Schwächen, nämlich bei 4,5 % bis 6 % der Kinder (Hein et al. 2000). Je nach der Strenge der verwendeten Kriterien schwanken die Angaben zwischen den Studien, die in verschiedenen Ländern durchgeführt wurden (Jacobs / Petermann 2007). Neben den reinen Rechenstörungen werden auch Kombinationen mit anderen Problemen beschrieben. So entwickeln 2,3 % bis 2,7 % aller Kinder eine Rechenschwäche und eine Lese-Rechtschreib-Schwäche (Gross-Tsur et al. 1996).

Nach den eingangs zitierten PISA-Befunden wird der Anteil von Schülerinnen und Schülern mit förderungsbedürftigen Rechenschwierigkeiten weit höher beziffert, nämlich mit 15 % (Schipper 2003, Lorenz 2003). Auch in der IGLU-Studie (Walther et al. 2003, Bos et al. 2003), in der Kompetenzen von Schülerinnen und Schülern der 4. Grundschulklasse in den Fächern Mathematik, Lesen und Sachunterricht untersucht wurden, zeigten sich ähnlich hohe Anzahlen von Schülern, deren mathematische Fähigkeiten als außerordentlich problematisch zu beurteilen sind. Die Kenntnisse der Kinder werden in dieser Studie

Tabelle 1: Mathematische Kompetenzstufen nach IGLU (Walther et al. 2003, 202)

Kompetenzstufen	Inhalte
I	Rudimentäres schulisches Anfangswissen
II	Grundfertigkeiten im Zehnersystem, der ebenen Geometrie und bei Größenvergleichen
III	Verfügbarkeit der Grundfertigkeiten und Arbeit mit einfachen Modellen
IV	Beherrschung Grundrechenaufgaben, Beherrschung von Aufgaben der räumlichen Geometrie und begrifflicher Modellentwicklung
V	Problemlösen bei Aufgaben mit verschiedenen mathematischen Kontexten

Kompetenzstufen zugeordnet (vgl. Tabelle 1). Kompetenzstufenmodelle basieren auf der Annahme, dass bessere Kenntnisse und Fertigkeiten mit höheren Kompetenzen einhergehen. Kinder mit höheren Kompetenzen sind demzufolge in der Lage, schwierigere Aufgaben zu bewältigen als Kinder mit geringeren Kompetenzen. Für den Bereich Mathematik wurden fünf Kompetenzstufen unterschieden:

42 % der Viertklässler gehören zur Gruppe der guten und sehr guten Schüler in Mathematik und verfügen damit über ein solides Fundament für den Ausbau ihrer Kenntnisse an weiterführenden Schulen. Dagegen erreichten fast 20 % der Schülerinnen und Schüler im Rechnen nur Kompetenzstufe I oder II, was bedeutet, dass sie am Ende des vierten Grundschuljahres höchstens über die Kenntnisse von Zweitklässlern verfügen (Walther et al. 2003). Diese Kinder müssen als Risikokinder in dem Sinne betrachtet werden, dass die Entwicklung ihrer Fertigkeiten bereits gestört ist und auch gestört bleiben wird, wenn nicht gezielt Fördermaßnahmen erfolgen.

Die Hoffnung, dass die Leistungsschwächen der Schüler in der Sekundarstufe, nach der Einteilung in leistungshomogene Gruppen (Hauptschule, Realschule, Gymnasium) ausgeglichen werden, erfüllt sich offensichtlich nicht. Die Ergebnisse der IGLU-Studie lassen sich folgendermaßen zusammenfassen: „Was auf der Ebene der Grundschule nicht gelingt, lässt sich offenbar – dies zeigen die PISA-Befunde – auf der Ebene der Sekundarstufe I nicht mehr kompensieren. Vielmehr ist nach den PISA-Befunden davon auszugehen, dass sich die auf der Ebene der Grundschule nicht befriedigend gelösten Probleme auf der Ebene der Sekundarstufe weiter verschärfen“ (Schwippert et al. 2003, 300). Für die betroffenen Kinder bedeutet dies, dass sich ihre Entwicklungsprobleme in der Sekundarstufe verstärken und mit einer Kompensation nicht zu rechnen ist.

Was ist das Fazit dieser Definitions- und Häufigkeitsbetrachtung? Bestimmt man einen Förderbedarf lediglich für diejenigen Schülerinnen und Schüler, für die die ICD-10-Kriterien der Rechenstörung zutreffen, würden die Probleme vieler Schüler übersehen. Fragen wie – Wie viele Kinder sind rechenschwach? Anhand welcher Kriterien ist dies festzustellen? Welche Kriterien taugen? – sind wenig zielführend. Fragen der Klassifikation von Rechenstörungen sollten daher überwunden und ersetzt werden durch Fragen danach, ob ein Kind Schwierigkeiten beim Rechnenlernen und damit einen Bedarf an individueller Unterstützung und Förderung hat. In diesem Sinne wird im Folgenden auch nur noch der Terminus *Rechenschwierigkeiten* verwendet. Er schließt alle Kinder ein, bei denen sich Probleme beim Rechnenlernen bereits von Beginn der ersten Klasse an zeigen.

Ursachen von Rechenschwierigkeiten

Die Frage nach den Ursachen für das Zustandekommen von Rechenschwächen oder Rechenschwierigkeiten ist letztlich nicht eindeutig zu beantworten. Aus unterschiedlichen theoretischen Perspektiven wurde versucht, Aufschluss über die Problematik zu gewinnen. Aus neuropsychologischer Perspektive wurde nach funktionalen Besonderheiten während der Bearbeitung von Aufgaben gesucht. Mathematikdidaktik, Psychologie und Sonderpädagogik haben nach spezifischen Leistungsbeeinträchtigungen geforscht. Es wurden unspezifische (Wahrnehmung, Arbeitsgedächtnis) und spezifische Fähigkeiten (Zahlwortkenntnis, Mengenverständnis) in ihrer Bedeutung für das Rechnenlernen untersucht. Es wird sicher zu Recht vermutet, dass motivationale und emotionale Prozesse eine große Rolle spielen und Unterrichtsbedingungen an der Entwicklung von Schwierigkeiten beteiligt sind, auch wenn empirische Studien dazu fehlen.

Überblick

Die meisten Autoren gehen davon aus, dass Rechenschwierigkeiten multifaktoriell bedingt sind, zumindest die Ausprägung der Schwierigkeiten von einer Vielzahl von Faktoren abhängt, die sich wechselseitig beeinflussen.

Als Kern der Problematik werden eine verzögerte Entwicklung rechenrelevanter Lernvoraussetzungen bzw. Beeinträchtigungen im Verständnis mathematikspezifischer Inhalte angenommen. Bereits zum Zeitpunkt der Einschulung verfügen rechenschwache Kinder über geringere Kenntnisse als ihre Mitschüler und sind damit weniger auf die Anforderungen des Mathematikunterrichts vorbereitet (Mazzocco / Thomson 2005; Jordan et al. 2006; Weißhaupt et al. 2006). Es besteht also von vornherein eine Diskrepanz zwischen den schulischen Anforderungen und den Vorkenntnissen bzw. der Leistungsfähigkeit des Kindes (Selter / Spiegel 1997).

Aufseiten des Kindes tragen über die fertigkeitsspezifischen Probleme hinaus die Lernmotivation und die emotionalen Erfahrungen beim Rechnenlernen wesentlich zur Ausprägung der Problematik bei. So wie sich gute Leistungen positiv auf das Selbstkonzept auswirken und zu Leistungssteigerungen beitragen können, können im umgekehrten Fall schlechte Leistungen das Selbstkonzept negativ beeinflussen und die bereits beeinträchtigte Leistungsfähigkeit weiter einschränken. Wird z. B. das eigene geringe Lerntempo als Versagen erlebt, beeinträchtigt dies bereits das Selbstkonzept der eigenen Leistungsfähigkeit. Schlechte Noten und falsche Ergebnisse, die auch durch Üben nicht verhindert werden konnten, unterstreichen das Gefühl, den Schwierigkeiten hilflos ausgeliefert zu sein. Aus diesen Erfahrungen kann eine Ablehnung dem Fach gegenüber entstehen, die auch die Ablehnung, für dieses Fach zu üben, einschließt.

Auf der Ebene der Familie tragen die Leistungserwartungen der Eltern und deren emotionale Reaktionen auf die Leistungen der Kinder wesentlich zur Ausprägung der Problematik bei. Haben Eltern bestimmte (gute) Leistungserwartungen an ihr Kind, werden sie von – unerwartet – auftretenden Schwierigkeiten überrascht. Die Erklärungen, die Eltern für diese Schwierigkeiten finden und die Maßnahmen, die sie ergreifen, haben wiederum Auswirkungen auf das Selbstkonzept des Kindes. Vertrauen in seine – grundsätzliche – Leistungsfähigkeit und gezielte unterstützende Maßnahmen beeinträchtigen das Selbstkonzept des Kindes nicht. Erklärungen hingegen, die darauf abzielen, dass die

Problematik unveränderbar ist und sie als Eltern keine Möglichkeit der Unterstützung bieten können, sowie persönliche Betroffenheit über die Schulprobleme, wirken sich negativ auf die Motivation und das Selbstkonzept des Kindes aus und können die Angst vor dem Fach erhöhen.

Von besonderer Bedeutung auf der Ebene der schulischen Prozesse sind die methodisch-didaktischen Bedingungen des Unterrichts, die Lehrer-Schüler- sowie die Schüler-Schüler-Interaktionen. Insbesondere die Unterrichtsbedingungen sind hier in den Blick zu nehmen. Erhalten betroffene Kinder einen Unterricht, der nicht an ihren individuellen Lernvoraussetzungen ansetzt, sondern zu hohe Anforderungen stellt und zu schnell vorgeht, werden die Probleme weiter vergrößert. Dies gilt auch für einen Unterricht, in dem die individuellen Lernwege des Kindes nicht berücksichtigt werden und das Kind keinen Zugang zum Verständnis der Lerninhalte findet (didaktogene Ursachen der Rechenschwäche). Gaidoschik (2004) benennt als ungünstige Unterrichtsbedingungen:

- Zeitverluste, die entstehen, wenn nicht das Rechnen, sondern allgemeine Voraussetzungen wie verschiedene Wahrnehmungsübungen im Mittelpunkt stehen;
- Üben, das ausschließlich als Bewältigung von noch mehr Aufgaben verstanden wird;
- Arbeiten mit Material, wenn sich dies nur auf den Umgang mit dem Material bezieht und gedankliche Verarbeitungen zu kurz kommen;
- Verwendung unstrukturierten Anschauungsmaterials, durch das Zählstrategien unterstützt werden.

Umgekehrt kann ein Unterricht, der die individuelle Problematik berücksichtigt und die Kinder durch angemessene Aufgabenstellungen Schritt um Schritt fördert, dem Entstehen einer tiefgreifenden Rechenschwäche bzw. der Ausweitung von Schwierigkeiten vorbeugen (Gerster / Schultz, 2000).

Das Zustandekommen von Schulleistungsproblemen in solch komplexe Zusammenhänge einzuordnen, ist einerseits zwar angebracht, andererseits sind wir weit davon entfernt, diese Zusammenhänge angemessen erfassen bzw. abbilden zu können (Bauersfeld 2003). Auch ist noch offen, welche Auswirkungen die Kombination verschiedener Faktoren auf die Entwicklung von Schwierigkeiten hat (Gifford 2005).

Diesem großen Zusammenhang nähert man sich mit unterschiedlich komplexen Theorien. Fertigkeitsspezifische Probleme der Kinder werden aktuell mit neuro-, kognitions- und entwicklungspsychologischen Störungskonzeptionen diskutiert. In der nachfolgenden Darstellung dieser Ansätze wird das entwicklungspsychologische Konzept den größten Raum einnehmen (siehe auch Kapitel 2), da dies der Ansatz ist, der auch Grundlage der hier vorgestellten Diagnostik und Förderung ist.

Neuropsychologischer Erklärungsansatz

Traditionell ging es in der neuropsychologischen Forschung zunächst um die Suche nach der Lokalisation eines Rechenzentrums analog zum Sprachzentrum. Befunde an hirngeschädigten Patienten ließen jedoch schon früh vermuten, dass unterschiedliche Hirnregionen an der Erbringung von Rechenleistungen beteiligt sind. So erfordert der Umgang mit Zahlen und Rechenoperationen letztlich die Integration einer Vielzahl von Teilfertigkeiten, die je unterschiedlich lokalisiert sind. Der Abruf von Regeln und Rechenfakten erfolgt aus dem semantischen Gedächtnis; den Aufbau der Zahlenreihe stellen sich viele als Zahlenstrahl visuell vor, die Durchführung schriftlicher Rechenverfahren macht eine visuell-räumliche Orientierung erforderlich, bei der Modellierung von Aufgaben werden verbale Informationen in visuelle überführt etc. Diese wenigen Beispiele machen die Komplexität von Prozessen der Zahlverarbeitung auf neuropsychologischer Ebene deutlich.

Im Zentrum der aktuellen neuropsychologischen Forschung stehen daher auch Untersuchungen, die sich auf die Analyse zahlenverarbeitender Prozesse im Gehirn beziehen. Dabei werden gezielt unterschiedliche mathematische Anforderungen (Kopfrechenaufgaben, Aufgaben am Zahlenstrahl, Mengenschätzungen etc.) vorgegeben, um die Aktivität unterschiedlicher Hirnregionen anzuregen. Aussagen zu solchen Verarbeitungsprozessen enthalten neuere *Modul-Ansätze*, die Informationsverarbeitungsmodelle des Rechnens auf der Ebene zahlenverarbeitender Hirnfunktionen präsentieren.

Der derzeit am häufigsten diskutierte und interessanteste Ansatz ist der von Dehaene (1992, 1997). In seinem „Triple-Code-Modell“ geht Dehaene davon aus, dass die Bearbeitung unterschiedlicher Aufgaben in je spezifischen neuronalen Funktionssystemen (Modulen) geschieht. Diese bilden sich auf der Grundlage der genetischen und biologischen Ausstattung des Gehirns durch die Lernerfahrungen in der Vorschul- und Grundschulzeit aus. Das bedeutet, biologische und genetische Dispositionen bereiten das Gehirn auf die Verarbeitung der ersten Umwelterfahrungen vor. Durch eine Vielfalt von Erfahrungen – durch eigene Erkundung oder vermittelt – entwickeln sich die Funktionssysteme zu immer „arbeitsfähigeren“ Modulen.

Dehaene unterscheidet drei Hirnfunktionseinheiten, die spezifisch sind für den Bereich der Zahlverarbeitung und die sich in verschiedenen Arealen des Gehirns ausbilden. Jede Funktionseinheit steht für eine Repräsentation der Zahlverarbeitung (Code):

- In dem **abstrakt-semantischen Code** geht es um allgemeine Vorstellungen und Einschätzungen von Größen und Mengen. Dieser Code entwickelt sich sehr früh, da bereits Säuglinge anfangen, Mengen zu vergleichen. Bevor die Kinder sprechen können und über Zahlwörter verfügen, beurteilen sie Mengen daraufhin, ob diese mehr oder weniger geworden sind.
  Mit dem Erwerb der Zahlwortreihe (eins, zwei, drei …) werden hier Zahlen auf einer Art „innerem Zahlenstrahl“ abgebildet. Weiter entwickeln sich hier allgemeine Zahlraumvorstellungen, die es gestatten, Mengen zu schätzen und Rechenoperationen zu „überschlagen“, d. h., Mengen auf ihre Größe hin abzuschätzen.
- Ein **sprachlich-alphabetischer Code** leistet die sprachliche Verarbeitung von Zahlwörtern. In diesem Hirnareal werden vor allem Rechenfakten, die sprachlich kodiert sind, verarbeitet. Nachgewiesen ist die Verbindung dieses Codes zum kleinen Einmaleins.
- Der **visuell-arabische Code** leistet das Verstehen der geschriebenen Ziffernanordnungen und des arabischen Stellenwertsystems.

Die Hirnfunktionseinheiten (Module) sind über Transkodierungsrouten miteinander vernetzt und werden jeweils aufgabenbezogen aktiviert. An der Bearbeitung der meisten Aufgaben sind zwei oder gar alle drei Module beteiligt.

Kernaussage

Die Module und ihre Vernetzungen entwickeln sich in der Auseinandersetzung des Kindes mit der Umwelt, wobei jede Funktionseinheit eine allmähliche Differenzierung erfährt. Von Aster (2003) versteht diesen Abschnitt der allmählichen Moduldifferenzierung, der bis in die späte Primarschulzeit hineinreicht, als besonders vulnerable Phase. Die in diesem Zeitraum auftretenden Störungen der Modulreifung können zu Beeinträchtigungen der mathematischen Kompetenzentwicklung führen.

Welche Bedeutung Modul-Annahmen und ihre weitere Differenzierung (Kaufmann / Nuerk 2005) für die Erklärung von Störungen haben und ob daraus Maßnahmen für die Förderung begründet werden können, muss sich durch weitere Forschungen erweisen (Gerster / Schultz 2000).

Kognitionspsychologischer Ansatz

Aus kognitionspsychologischer Sicht zielen Fragen zur Ursache von Rechenproblemen auf die Analyse von kognitiven Funktionen oder Prozessen ab, die an Rechenoperationen beteiligt sind. Angenommen wird dabei, dass diese kognitiven Komponenten nicht altersentsprechend entwickelt sind. Lange Zeit standen daher Defizite allgemeiner kognitiver Funktionen im Vordergrund der Ursachenforschung. Ein Vergleich der Leistungen rechenschwacher mit unauffällig lernenden Kindern wies auf Beeinträchtigungen in der Wahrnehmungsverarbeitung, auf Probleme in der räumlichen Orientierung, bei der Entwicklung des Körperschemas oder der Bewältigung visuo-motorischer Anforderungen (Boller / Graffmann 1985; Krombholz 1993; Lorenz 2003; Kaufmann 2003) hin. Auch Störungen im taktil-kinästhetischen Bereich, in der Figur-Hintergrund-Differenzierung sowie ein ungenügendes Rhythmusgefühl wurden gefunden. Die Ergebnisse hierzu erwiesen sich jedoch insgesamt als widersprüchlich und letztlich nicht als ausreichend spezifisch für die Problematik der Rechenschwäche.

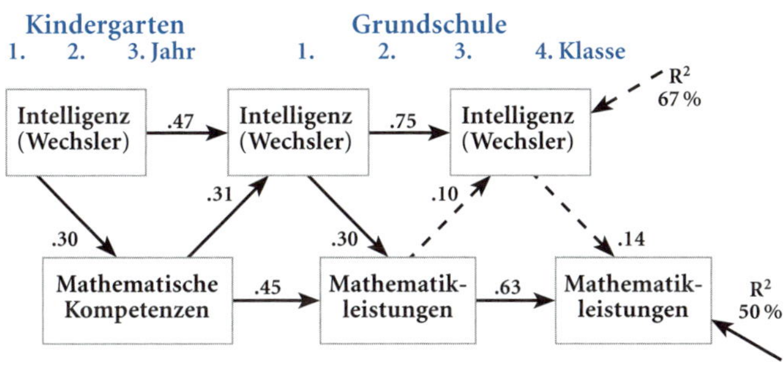

Abbildung 1: Zusammenhänge zwischen Mathematikleistungen und Intelligenz zu drei Zeitpunkten nach Helmke (1997)

Zu den kognitiven Bedingungen, die aktuell einbezogen werden, wenn die Entwicklung von Rechenschwierigkeiten betrachtet wird, zählen die **allgemeine Intelligenz** und die **Arbeitsgedächtnisleistungen**. Wie im Einzelnen die Entwicklung mathematischer Kompetenzen und die Entwicklung der Intelligenz zusammenhängen, wurde z.B. in der SCHOLASTIK-Studie genauer überprüft (Abbildung 1). Im Längsschnitt wurden hier die mathematischen Leistungen und die Intelligenzleistungen bei Kindern vom Vorschulalter bis zur 3. Klasse untersucht (Messzeitpunkte: Kindergarten – 1. Klasse – 3. Klasse).

Es zeigte sich dabei, dass sich die Leistungsfähigkeit im Rechnen immer mehr stabilisiert. Die Leistungen der Kinder in der 1. Klasse weisen einen engen Zusammenhang zu ihren Leistungen im Kindergarten auf, der Zusammenhang zwischen der Leistungsfähigkeit im 1. und im 3. Schuljahr ist noch enger. In neueren Studien wird dieser Befund bestätigt (Krajewski 2003; Weißhaupt et al. 2006). Kinder mit guten Vorkenntnissen im Vorschulalter entwickeln sich zu guten Rechnern und Kinder mit geringen Vorkenntnissen bleiben auch in der Grundschule schlechte Rechner.

Welche Bedeutung kommt dabei der Intelligenz zu? Intelligenz und Rechenleistungen hängen statistisch bedeutsam zusammen. Aber betrachtet man die Veränderungen im Verlauf, so ist eine Abnahme der Zusammenhangswerte zu erkennen. Je länger Kinder die Mathematik in der Schule lernen, um so mehr gewinnen das fachspezifische Wissen und der sukzessive Aufbau dieses Wissens an Bedeutung: Was der Lernende bereits weiß, wird immer bedeutsamer für den weiteren Lernerfolg (Helmke 1997).

Mathematische Kompetenzen bauen systematisch aufeinander auf. Die Anwendbarkeit und effektive Nutzung dieses fertigkeitsspezifischen Wissens hängen dabei entscheidend von ihrer Strukturiertheit und Vernetzung ab. Bevor deshalb der Blick auf die Entwicklung mathematischer Kenntnisse selbst gerichtet wird, soll noch eine Forschungsrichtung vorgestellt werden, die in die Linie der kognitiven Bedingungen gehört.

Als „hardware-Komponente" wird die *Kapazität des Arbeitsgedächtnisses* in ihrer Bedeutung für Lernstörungen und somit auch für Schwierigkeiten im Rechnenlernen untersucht. Aufgabe des Arbeitsgedächtnisses ist es, aktuelle Informationen vorübergehend zu speichern, Wissen aus dem Langzeitgedächtnis abzurufen, Informationen zueinander in Beziehung zu setzen und zu speichern. In seinem *Mehr-Speicher-Modell* unterscheidet Baddeley (1986) zwischen drei Systemen im Arbeitsgedächtnis: *(1) Die zentrale Exekutive* steuert und überwacht die Informationsverarbeitung. Weitere Aufgaben der zentralen Exekutive sind Ausrichtung der

Aufmerksamkeit, Planung von Handlungen, Aktivierung von Wissen im Langzeitgedächtnis und Auswahl geeigneter Strategien (vgl. Baddeley 1996). Unterstützt wird die zentrale Exekutive durch zwei Hilfssysteme, in denen Informationen vorübergehend gespeichert werden: *(2) Die phonologische Schleife* dient der Aufrechterhaltung sprachlicher Informationen. *(3) Der visuell-räumliche Notizblock* ist für die Speicherung und Manipulation visuell-räumlicher Vorstellungen zuständig.

In einer Vielzahl von Untersuchungen konnte belegt werden, dass bessere mathematische Leistungen auch mit besser entwickelten Arbeitsgedächtnisleistungen einhergehen und umgekehrt rechenschwache Kinder auch über schlechtere Arbeitsgedächtnisleistungen verfügen (Gaupp 2003; Grube 2006). Sicher ist auch, dass aufwändige Rechenstrategien oder das Fehlen von Rechenfakten (wie z.B. der Abruf des kleinen Einmaleins aus dem Langzeitgedächtnis) das Arbeitsgedächtnis wesentlich mehr belasten. Ein Beispiel soll das verdeutlichen:

Rechenbeispiel: Ist die Aufgabe $7 \times 8 = ?$ zu rechnen, wird das Arbeitsgedächtnis kaum belastet, wenn das Ergebnis als Faktenwissen aus dem Langzeitgedächtnis abgerufen werden kann. In der phonologischen Schleife wird die Aufgabe präsent gehalten und die Exekutive steuert den Faktenabruf. Ganz anders sieht die Belastung aus, wenn die Lösung nicht gespeichert ist. Eine Möglichkeit, zum Ziel zu kommen, besteht in der Zerlegung der Aufgabe: $5 \times 8 = 40$; $2 \times 8 = 16$; $40 + 16 = 56$. Hier muss der Abruf von Faktenwissen (5 x 8 und 2 x 8) mit den Zwischenschritten koordiniert werden. Entsprechend werden die Belastungen des Arbeitsgedächtnisses noch höher, wenn keine Zerlegungen vorgenommen werden können und die Aufgabe durch Aufsagen der 8er-Reihe bewältigt wird ($1 \times 8 = 8$; $2 \times 8 = 8 + 8 = 16$ usw.).

Das Beispiel sollte deutlich machen, dass Arbeitsgedächtnisleistungen und mathematische Kompetenzen zusammenhängen.

Kernaussage

Gute mathematische Kompetenzen, die mit effektiven Strategien und einem schnellen Abruf von Rechenfakten einhergehen, beanspruchen die Speicher- und Verarbeitungskapazität deutlich weniger. Dagegen wird die Kapazität des Arbeitsgedächtnisses stark belastet oder sogar überfordert, wenn effektive Strategien fehlen. Dies auch dann, wenn grundsätzlich gute Arbeitsgedächtniskapazitäten vorhanden sind.

Die Arbeitsgedächtnisleistungen sind jedoch, wie auch die Intelligenzleistungen, nur Komponenten, die an der Entstehung mathematischer Kompetenzen beteiligt sind, diese jedoch bei weitem nicht ausreichend erklären.

Entwicklungspsychologischer Erklärungsansatz

Aus entwicklungspsychologischer Perspektive stellen sich Fragen danach, wann sich welche Fähigkeiten und Fertigkeiten entwickeln und wie diese aufeinander aufbauen. Eine Rahmentheorie der Kompetenzentwicklung wurde bislang nicht ausgearbeitet, wohl aber liegen Aussagen für einzelne Bereiche (Arithmetik, Geometrie usw.) und für einzelne Entwicklungsabschnitte vor. Da Schwierigkeiten beim Erwerb des Rechnens auf Lernprozesse im *Vorschulalter* zurückzuführen sind, sollen im Folgenden einige der wichtigsten entwicklungspsychologischen Befunde für dieses Alter dargestellt werden.

Voranzustellen ist, dass Kinder im Vorschulalter in beträchtlichem Umfang mathematische Konzepte und Fertigkeiten erwerben. Aufsehenerregend waren in diesem Zusammenhang die Untersuchungen von Schmidt und Weiser (1982) sowie Schmidt (1982), die arithmetische Kenntnisse von Vorschulkindern ein halbes Jahr bzw. kurz vor der Einschulung untersuchten. Sie überprüften Zählkenntnisse, die Fähigkeit, Mengen zu erfassen, Ziffernkenntnis, das Verständnis für Größer-Kleiner-Beziehungen sowie Rechenfähigkeiten, indem sie den Kindern Additions- und Subtraktionsaufgaben im Zahlenraum bis 20 präsentierten, die gemäß Curriculum im Verlauf des ersten Schuljahres erlernt werden. In den 1990er Jahren folgten weitere Untersuchungen, in denen ermittelt wurde, wie viele Kinder die verschiedenen Konzepte und Fertigkeiten zum Schulanfang bereits entwickelt haben (van den Heuvel-Panhuizen 1995; Selter 1995; Hengartner / Röthlisberger 1995; Grassmann et al. 1995).

Übereinstimmend wurde festgestellt, dass viele Kinder über ein beachtliches Wissen verfügen. Rinkens (2008) untersuchte z. B. 1996 / 97 mit einem Test 2013 Kinder aus 76 ersten Klassen in der Eingangsphase. 88 % der Kinder erkannten die geschriebene Zahl 7, 62 % auch die Zahl 13, 79 % zählten richtig acht Tiere aus, 80 % der Kinder konnten neun Kreise richtig markieren. 74 % schafften zählend die Addition der Mengen vier und fünf.

Als ebenso beeindruckend erwies sich die *Heterogenität* in der Entwicklung der Leistungen bereits in diesen frühen Entwicklungsphasen.

Während sich für die Mathematikdidaktik daraus die Folgerung ergab, dass es keine Stunde „Null“ gibt und der Unterricht an den unterschiedlich gut entwickelten Vorerfahrungen der Kinder anknüpfen muss (Krauthausen / Scherer 2007), ist aus der Perspektive der Rechenstörungen zu fragen, ob die Kinder mit wenig Vorwissen als Risikokinder für die Entwicklung von Rechenstörungen gelten müssen.

Ergebnisse, wie z. B. die von Weißhaupt et al. (2006) sind so zu interpretieren, dass eine solche Prognose zutrifft. Alle in dieser Studie am Ende der ersten Klasse identifizierten rechenschwachen Kinder fielen bereits im Vorschulalter durch ein gering entwickeltes zahlbezogenes Vorwissen auf. Dagegen gehörten 96 % der Kinder, die im Vorschulalter gute Leistungen zeigten, am Ende der ersten Klasse zu den Kindern, deren Leistungen als gut entwickelt zu bewerten waren.

Aus welchem Wissen setzen sich nun die relevanten Vorkenntnisse zusammen? Einer der ersten, der sich aus einer entwicklungspsychologischen Perspektive mit der Entwicklung mathematischer Kompetenzen beschäftigt hat, war Jean Piaget (1958). In einer Vielzahl von Experimenten (Piaget / Szeminska 1975) ging er der Frage nach, welche Teilfertigkeiten notwendig sind, um den Begriff der „Natürlichen Zahl“ zu erwerben, und wie diese Teilfertigkeiten aufeinander aufbauen.

Er ging davon aus, dass sich zunächst die beiden Aspekte der natürlichen Zahl: *Ordinalzahl* und *Kardinalzahl* entwickeln müssen (siehe auch Kapitel 2), um das komplexe Konzept der natürlichen Zahl zu verstehen und sinnvoll in Rechenoperationen anzuwenden. Unter dem Ordinalzahlaspekt wird die Zahlwortreihe als eine Reihe aufgefasst, in der die Zahlwörter eine feste Abfolge haben. Beim Zählen wird diese Abfolge „aufgesagt“ und jedes Objekt mit einem Zahlwort versehen (Abbildung 2). Die Zahl 5 bezeichnet in dem Fall das 5. Objekt in der Reihe *(Ordinalzahl)*.

Betrachtet man die zu zählenden Objekte als eine Menge, dann steht *gleichzeitig* jede Zahl auch für die Anzahl der bereits genannten Objekte. Die Zahl 5 gibt in diesem Fall an, dass die Menge 5 Objekte enthält *(Kardinalzahl)*.

Abbildung 2: Zuordnung Objekte und Ordnungszahlen

Nach Piaget entwickeln sich beide Aspekte getrennt voneinander. Grundlegende Denkoperationen stellen gewissermaßen die Basis dar. Piaget nahm an, dass dazu das Bilden von Klassen *(Klassifikation)* und das Ordnen von Objekten nach ihren Eigenschaften *(Seriation)* gehören.

Mit dem Paradigma der *Invarianzaufgaben* überprüfte Piaget, über welche Schritte Kinder den Kardinalzahlaspekt erarbeiten: Als Aufgabentypen wurden zwei Mengen von Objekten verwendet, die je in einer Reihe angeordnet waren, z. B. Vasen und Blumen. Eine Reihe (Blumen) wurde dann vor den Augen des Kindes auseinander gezogen (d. h., die Abstände wurden vergrößert), und die Kinder wurden gefragt: „Sind hier genauso viele Vasen wie Blumen oder sind es mehr Vasen oder mehr Blumen?“ (Abbildung 3).

Piaget bat die Kinder auch, ihr Urteil zu begründen. Dabei stellte er folgende Entwicklungsabfolge **(Drei-Stufen-Modell)** fest:

- Jüngere Kinder (4;0 bis 5;6 Jahre) nehmen an, dass diejenige Menge größer ist, die rein wahrnehmungsgebunden (Vergleich der Reihenlängen) größer erscheint.
- Erst ab 5;6 Jahren sind Kinder in der Lage, die beiden Mengen auf Gleichheit *(Äquivalenz)* zu überprüfen, indem sie jeder Vase eine Blume zuordnen (Stück-für-Stück-Zuordnung). Somit ist diese Zuordnungsstrategie eine grundlegende Operation für den Erwerb der Einsicht in die *Mächtigkeit einer Menge*. Es gelingt ihnen aber noch keine Begründung der Äquivalenz.
- Kinder ab etwa 7;6 Jahren bewältigen nach Piaget die Aufgabe, indem sie beide Mengen abzählen, ihre Mächtigkeit bestimmen *(Kardinalität)* und vergleichen.

Abbildung 3: Invarianzaufgabe nach Piaget – Mehr Blumen oder mehr Vasen oder gleich viele Blumen und Vasen?

Die Kompetenz, Gleichmächtigkeit zu überprüfen und zu begründen, setzt nach Piaget weitere Denkoperationen voraus wie etwa das Erkennen der *Reversibilität* (die Handlung „Blumen auseinanderrücken" kann im Kopf wieder rückgängig gemacht werden) und ein Verständnis des Konzepts Vermehren / Vermindern(eine Menge bleibt gleichmächtig, wenn nichts dazukommt und nichts weggenommen wird).

Das *Drei-Stufen-Modell* von Piaget wurde in seiner Abfolge mehrfach bestätigt, umstritten sind allerdings die Altersangaben. Die Anwendung der Kardinalzahl lässt sich bereits sehr viel früher beobachten. Nach Gelman können schon Kinder zwischen drei und fünf Jahren ein Schema für das Konzept der Kardinalzahl haben. Allerdings sind die Kinder in dem frühen Alter noch nicht in der Lage, ihre Äquivalenzurteile sprachlich zu begründen.

Grundlegend für den Erwerb der *Ordinalzahl* ist die Seriation (Bildung asymmetrischer Reihen). Auch hier wird eine dreistufige Entwicklungsabfolge angenommen. Kinder beginnen, Ordnungen zunächst zwischen zwei Objekten herzustellen. Für die Entwicklung der Fähigkeit, umfangreichere Reihen zu bilden, sind die Vergleichsrichtungen entscheidend. Im nächsten Schritt kann zunächst nur eine Richtung beachtet werden, d.h., die Position neuer Elemente wird nur in Bezug auf die vorhergehenden (z.B. links liegenden) bestimmt. Erst im dritten Schritt gelingt es, Reihenfolgen herzustellen, indem Objekte flexibel in absteigender und aufsteigender Richtung verglichen werden.

Als Ergebnis der Entwicklung in diesem von Piaget angenommenen Stadium der Entstehung konkret-operatorischer Strukturen erfolgt eine *Synthese beider Operationssysteme*, d.h. die Integration des Ordinalzahl- mit dem Kardinalzahlaspekt (7;6 Jahren).

Ansätze, Stufen des Erwerbs mathematischer Kompetenzen zu definieren, finden sich ungefähr zeitgleich zu Piagets Studien in der Mathematikdidaktik. Nachhaltige Bedeutung erlangt hat hier das Modell von Fuson, das in Kapitel 2 ausführlich dargestellt wird.

Gelman und Gallistel (1978) gingen davon aus, dass der Erwerb der Zahlwortreihe bestimmten (angeborenen) Prinzipien (Eineindeutigkeitsprinzip, Prinzip der stabilen Ordnung) im Sinne eines Schemas folgt, die das Zählverhalten der Kinder strukturieren. Sie formulierten vier Stufen, die vom bloßen Aufsagen der Zahlwortreihe bis zum bewussten kardinalen Zählen reichen: Um zählen zu können, muss jedes Zahlwort (1) genau einem Objekt zugeordnet werden und umgekehrt. Zahlwörter müssen (2) in einer festen Reihe verfügbar sein. Es muss dann (3) verstanden werden, dass das letzte Zahlwort die Anzahl der Menge angibt, dass (4) die Art und die Anordnung der Objekte für das Zählen nicht von Bedeutung sind. Die beiden letzten Prinzipien oder Einsichten in die *Invarianz* sind die zentralen Einsichten, die verbunden mit Klassifikations- und Seriationsleistungen nach Piaget und Szeminska (1975) den Kern der Zahlbegriffsentwicklung ausmachen (Wember 2003).

Um Gesetzmäßigkeiten oder Sequenzen im Wissenserwerb geht es auch im Ansatz von Kutzer (z.B. 1981). Er entwickelte einen Strukturaufbau auf der Basis kognitiver Relationen („setzt sich zusammen aus", „ist Voraussetzung für" etc., Abbildung 4).

Die unterste Ebene (I) besteht aus pränumerischen Anforderungen: Benennen von Eigenschaften, Vergleiche zwischen Mengen bezüglich der Relationen „gleich viele", „mehr" oder „weniger", Konjunktion von Eigenschaften, Stück-für-Stück-Zuordnungen von Mengen. Die nächste Ebene (II) wird durch Zahlinvarianz (Anordnung und Repräsentanz) und Klassifikation gebildet, die selbst direkte Voraussetzungen für die Seriation darstellen. Auf gleicher Ebene liegen Zahlenoperationen bis 6 und bis 9. Diese sind wiederum Voraussetzungen für Operationen im

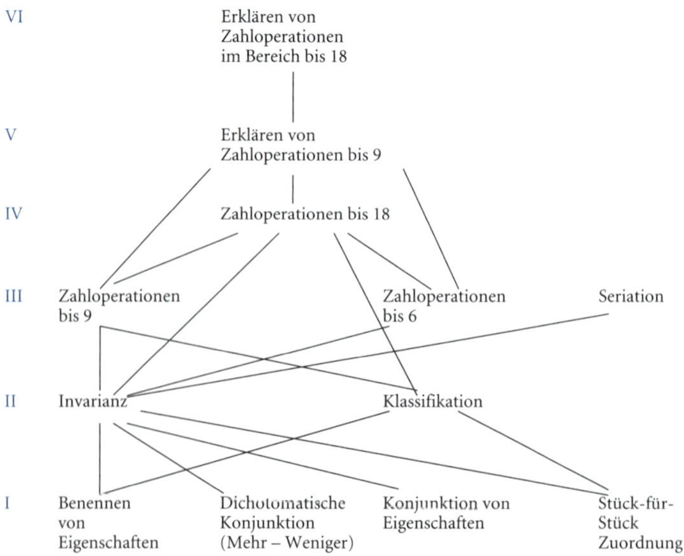

Abbildung 4: Voraussetzungsstruktur der Teilleistungen für den Zahlbegriff nach Kutzer und Probst (o. J.)

erweiterten Zahlenbereich bis 18. Die schwierigsten Aufgaben innerhalb dieser Aufgabenmenge sind die Erklärungen verschiedener Rechenoperationen. Diese Anforderungen werden jeweils auf unterschiedlichen Niveaus bewältigt (enaktiv, ikonisch, symbolisch). Damit geht in die Struktur eine zweite Dimension ein, die von Aebli (1976) aber auch Bruner zunächst als relevant für die Entwicklung angenommen wurde. Kinder machen erste Erfahrungen mit konkreten Mengen aus einzelnen realen Gegenständen. Im nächsten Schritt werden bildlich dargestellte Mengen begriffen und im Anschluss daran können mathematische Operationen mit Ziffern dargestellt und verstanden werden. Diese Abfolge wurde später infrage gestellt, und es wurde eher eine Parallelität im Verstehen verschiedener Ebenen vermutet; eine neue Qualität stellt erst die Überführbarkeit der verschiedenen Darstellungsebenen ineinander dar (Gerster / Schultz 2000).

In anderen Ansätzen standen eher einzelne Leistungen im Mittelpunkt, für die nach Entwicklungslinien gesucht wurde. So beschrieben Steffe und Cobb (1988) z. B. die Entwicklung des Zählschemas. Sie gingen von fünf Stufen aus, über die sich eine „Number sequence" (numerical counting schemes) entwickelt. Die wesentliche Veränderung besteht darin, *was* gezählt wird: Zuerst sind das „perceptual unit items" – unmittelbar wahrnehmbare Elemente. Daraus entwickelt sich die Fähigkeit, nicht sichtbare Dinge (figural unit items), also Dinge in der Vorstellung zu zählen. Im dritten Schritt sind motorische Aktionen (Klopfen) zählbar, ohne dass mit dem Finger direkt auf die Zählobjekte gezeigt wird. Im vierten Schritt steht eine mentale Zahlwortreihe zur Verfügung, um in der letzten Stufe dann Zählschritte selbst zählen zu können (8 + 4 sind eins, zwei, drei, … acht, *neun, zehn, elf, zwölf* = vier Zählschritte weiter). Diese Veränderungen in den „Zähleinheiten" gehen mit Veränderungen kognitiver Schemata einher.

Im folgenden Kapitel wird nun der Versuch unternommen, ein Entwicklungsmodell zu skizzieren, in dem wesentliche Meilensteine in hierarchische Beziehungen gebracht werden. Somit schließt sich dieses Modell an das Stufenmodell von Kutzer an. Darüber hinaus werden Hypothesen formuliert, warum manche Aufgaben gleich schwer sind, warum sie zu gleichen Zeitpunkten gelöst werden können und andere nicht und welche Konzepte im Hintergrund als „latente Variablen" zu vermuten sind.

Die Entwicklung früher mathematischer Kompetenzen – eine entwicklungspsychologische Beschreibung eines Niveaustufenmodells

2

Die Entwicklung des mathematischen Wissens und mathematischer Fertigkeiten ist ein äußerst komplexes Geschehen, in dem vielfältige Vernetzungen innerhalb und zwischen verschiedenen Aspekten hergestellt werden müssen. Dieser Aspektreichtum muss erkannt, systematisiert und elaboriert werden (Krauthausen / Scherer 2007). Dazu kommt die Beherrschung immer größerer Zahlenbereiche. Die Bedeutung dieser Prozesse ist daran zu erkennen, dass Kinder mit Rechenschwierigkeiten ohne gezielte Unterstützung diese Beziehungen nur teilweise erkennen bzw. verstehen. Die folgenden Zahlaspekte, die ihre spezifische Bedeutung durch spezifische Kontexte erlangen, gelten als grundlegend für den Aufbau eines umfassenden Zahlbegriffs (Radatz / Schipper 1983): Beim Zählen werden Zahlworte Objekten zugeordnet. Mit der jeweiligen Zahl wird das jeweilige gezählte *Objekt* bezeichnet, Zahlen bezeichnen aber auch die *Anzahlen von Elementen* einer *Menge*. Zahlen sind darüber hinaus *Maßzahlen* und mit *Einheiten* (Euro, Meter, Liter) verbunden. Üblicherweise werden die folgenden Aspekte unterschieden (vgl. z. B. Krauthausen / Scherer 2007):

Definition

- **Ordinaler Aspekt: Darunter wird verstanden, dass jede Zahl ihren Platz in einer linearen Reihe von Zahlen hat, der durch Vorgänger und Nachfolgerbeziehungen bestimmt ist. Wird die Zahlwortreihe mit Objekten verbunden, dann hat jedes Objekt einen Platz in der Reihe und erhält eine Ordnungszahl. Es geht also um die Frage: An welchem Platz in der Reihe steht das Objekt?**

- **Kardinaler Aspekt: Das Zahlwort steht für die Anzahl der Objekte einer Menge, bezeichnet also die „Mächtigkeit" der Menge. Hier geht es um die Frage: Wie viele Objekte gehören zur Menge?**
- **Maßzahlaspekt: Damit kennzeichnet man den Anteil bzw. das Ausmaß einer Größe (Euro, Meter, Minuten, Stunden etc.) in Bezug zur Grundeinheit: 4 m = das Vierfache eines Meters; 15 Minuten = ein Viertel einer Stunde. Es wird die Frage nach dem Anteil in Relation zur Einheitsgröße beantwortet.**
- **Kodierungsaspekt: Zahlen sind auch Namen für Objekte bzw. Zeichen, um z. B. Häuser einer Straße, Orte (mithilfe von Postleitzahlen), Papiergrößen oder Flugzeugtypen voneinander zu unterscheiden.**
- **Rechenzahlaspekt: Zahlen werden durch Ziffern verschriftlicht, um Rechenaufträge und Ergebnisse festzuhalten.**
- **Operatoraspekt: Zahlen dienen dazu, Vervielfachungen von Handlungen darzustellen: zweimal hintereinander würfeln, dreimal noch schlafen.**

Die Entwicklung des Wissens über Zahlaspekte ist eng mit der sprachlichen Entwicklung verbunden. Zahlwörter müssen erworben werden und damit viele Besonderheiten der Zahlwortbildung, die im Unterschied zu anderen Sprachen im Deutschen besondere Herausforderungen darstellen. So gibt es die Dreizehn aber keine Zweizehn, eine Hundertzwei aber keine Zehnzwei. Für Zahlwörter gibt es Symbole, die Ziffern. Zahlwort und Ziffer müssen verknüpft werden, damit man Zahlwörter rasch aufschreiben und Ziffern rasch lesen kann.

Wie der Erwerb des Rechnens vonstatten geht und welche Entwicklungsstufen besondere Hürden im Lernprozess darstellen, soll nachfolgend aufgezeigt werden. Obwohl Theorien (Piaget 1958, Fuson 1988, Resnick 1983, Gelman / Gallistel 1978, van Luit et al. 2001) über einzelne Entwicklungsaspekte oder die Entwicklung des Rechnenlernens in einem begrenzten Altersbereich ausgearbeitet wurden, liegt bisher kein allgemeingültiges Modell vor, das z. B. erlauben würde, den Erwerb des Wissens über Zahlen, Mengen und Rechenoperationen zu beschreiben, zu erklären und mathematikdidaktisch zu verwerten (Reiss et al. 2007).

Im Folgenden wird ein fünfstufiges Modell entwickelt, das seinen Ausgangspunkt in einzelnen theoretischen Ansätzen hat und für das empirische Daten vorliegen. Dieses Modell ist gleichsam eine wesentliche Grundlage der im 4. Kapitel dargestellten entwicklungsorientierten Diagnostik sowie einer ebenso orientierten Förderung (Kapitel 5).

Wann beginnt das Rechnenlernen?

Die Frage nach Beginn und Ursprung des mathematischen Verständnisses hat in den vergangenen 20 Jahren zu zahlreichen Säuglings- und Kleinkindstudien geführt. Um nachzuweisen, ob Kinder bereits vor der Sprachentwicklung über numerische Konzepte verfügen, wurden Versuchsanordnungen entwickelt, die schon mit sehr kleinen Kindern durchführbar sind. Habituierungsstudien z.B. beruhen auf der Tatsache, dass Kinder ihre Aufmerksamkeit bevorzugt neuen, unbekannten Dingen zuwenden. Nach einiger Zeit gewöhnen (habituieren) sie sich an den neuen Reiz und wenden ihre Aufmerksamkeit wieder ab. Dieses Phänomen wurde auf die Präsentation von Abbildungen mit Mengendarstellungen angewandt: Säuglingen wurden wiederholt Bilder mit z.B. zwei Objekten gezeigt. Hatten sie sich daran „gewöhnt", wurde ihnen eine Abbildung mit z.B. drei Objekten vorgehalten. Stieg die Fixationszeit bei der Betrachtung der neuen Abbildung deutlich an, galt dies als Hinweis darauf, dass die beiden Abbildungen als unterschiedlich wahrgenommen wurden. Nachdem Starkey und Cooper (1980) entsprechende Nachweise mit sechs Monate alten Säuglingen erbracht hatten, führten Antell und Keating (1983) die Untersuchung mit wenige Tage alten Säuglingen ebenfalls erfolgreich durch. Dass die Kinder auf den Wechsel der Präsentationsvorlage mit einer höheren Fixationszeit reagierten, lässt auf angeborene Grundlagen mathematischen Wissens schließen.

Ob die Kinder tatsächlich über ein Mengenkonzept verfügen und die unterschiedliche Anzahl der gezeigten Objekte bemerken oder ob die längere Aufmerksamkeit auf die veränderte räumliche Ausdehnung der präsentierten Objekte auf der Vorlage zurückzuführen ist, wurde kontrovers diskutiert. Tatsächlich scheinen die Kinder eher räumliche Informationen zu nutzen. Xu und Carey (1996) konnten nachweisen, dass raum-zeitliche Informationen für den Vergleich Vorrang gegenüber anderen Merkmalen der Objekte wie Farbe, Größe oder Form haben.

Um herauszufinden, ob Kinder auch das abstrakte Merkmal „Anzahl" wahrnehmen und Mengen anzahlmäßig miteinander vergleichen können, präsentierte Wynn (1996) sechs Monate alten Kindern folgenden Versuchsaufbau: Die Kinder beobachteten Puppen, die Sprünge ausführten. Hatten die Kinder für eine gewisse Zeit eine Puppe beobachtet, die drei Sprünge hintereinander machte, wurde ihnen eine Puppe mit einer anderen Sprungsequenz gezeigt (z.B. zwei Sprünge). Die Puppe, die eine von der Habituierungsphase abweichende Sprunganzahl ausführte, wurde deutlich länger fixiert. Aus diesen Ergebnissen folgerte Wynn, dass die Kinder jeden Sprung als eine Einheit wahrnehmen und tatsächlich die Anzahl der Sprünge miteinander vergleichen. Grundlage des Vergleichs ist vermutlich eine 1-zu-1-Zuordnung zwischen der zuerst wahrgenommenen Sequenz und der danach gezeigten Sequenz.

Dieser Befund spricht dafür, dass bereits sehr junge Kinder ohne eigene Handlungserfahrungen und noch bevor sie über Sprache verfügen, kleine Mengen sowohl nach ihrer Ausdehnung als auch nach ihrer Anzahl voneinander unterscheiden können. Gerade Letzteres ist eine Voraussetzung für die Entwicklung der Zählfertigkeiten.

Kernaussage

Säuglinge kommen offensichtlich nicht als „tabula rasa“ auf die Welt, ihr Gehirn ist durch „bereichsspezifische Lernpotentiale“ (Weinert 2000) auf die vielfältigen Umwelterfahrungen angemessen vorbereitet.

Vielbeachtet sind auch die Experimente von Wynn (1992; 1995) zur Untersuchung der Frage, ab wann *Mengenveränderungen* wahrgenommen werden. Fünf Monate alte Kinder beobachteten Handlungen des Hinzufügens und Wegnehmens, die zu richtigen oder falschen Ergebnissen führten.

Bei der Handlung des Hinzufügens (Addition) beobachteten die Kinder, wie eine Puppe auf einer Bühne hinter einem Vorhang verschwindet, und dann, wie eine zweite Puppe hinter demselben Vorhang verschwindet. Dann öffnet sich der Vorhang und es befindet sich nur eine Puppe auf der Bühne (unmögliches Ereignis) oder zwei Puppen (mögliches Ereignis). Gemessen wird wieder die Blickzeit der Kinder, die bei unerwarteten Ergebnissen deutlich höher ist als bei zu erwartenden (Abbildung 5).

Obwohl mit diesem Experiment die Befunde von anderen Autoren repliziert werden konnten (Simon et al. 1995), folgen nicht alle Autoren der Interpretation von Wynn, dass bereits Säuglinge Ergebnisse arithmetischer Operationen exakt bestimmen und von falschen Ergebnissen unterscheiden können. Vielmehr gehen sie davon aus, dass das Zustandekommen der Ergebnisse auf einer 1-zu-1-Zuordnung zwischen den im Gedächtnis repräsentierten und den gezeigten Objekten beruht, die lediglich nach den Kriterien gleich / ungleich beurteilt werden.

Trotz aller Widersprüche wird angenommen, dass Kinder mit genetisch verankerten, bereichsspezifischen Grundlagen des Wissenserwerbs auf die Welt kommen, die sie vorbereiten auf eine sukzessive, nicht unbedingt an eigene Handlungserfahrungen gebundene Aneignung mathematischer Konzepte.

Kernaussage

Die kognitiven Voraussetzungen, die ihrerseits die Grundlage für den Erwerb des ordinalen und kardinalen Zahlbegriffs darstellen, entwickeln sich also sehr früh. So basiert das Verstehen von Zahlwortreihen auf dem Verständnis von Handlungsabfolgen. Kognitive Schemata des Vergleichens sowie des Hinzukommens bzw. Wegnehmens ermöglichen Kindern im Alter von wenigen Monaten, zwei Mengen miteinander zu vergleichen und Mengenveränderungen zu beurteilen. Dies geschieht selbstverständlich noch nicht an Zahlen orientiert, sondern über das Kernprinzip der 1-zu-1-Zuordnung.

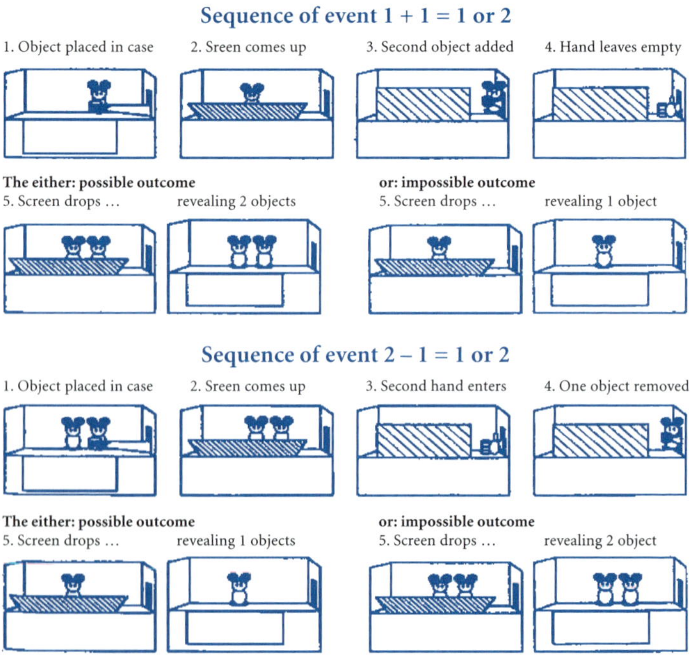

Abbildung 5: Experiment nach Wynn (1992) – Säuglingsstudien zum Vermehren und Vermindern

Ein fünfstufiges Entwicklungsmodell

Stufe 1: Zahlwortreihen können aufgesagt, zwei Mengen über 1-zu-1-Zuordnung verglichen und Serien von Objekten hergestellt werden.

Die Herstellung von Reihen und die Unterscheidung von Mengen bilden die Basis für die weiteren Entwicklungen. Mit dem Erwerb der Sprache erlernen die Kinder Zahlwörter so, wie sie andere Worte (zwei Schuhe – rote Schuhe, eine Mütze – blaue Mütze, drei Stufen – hohe Stufen) lernen und wenden diese auch im Sinne von Adjektiven an. Erst allmählich werden Zahlwörter als besondere Wörter erkannt und von Nicht-Zahlwörtern unterschieden. In Liedern und Gedichten sind Zahlwörter als Reihen bzw. Ausschnitte von Reihen enthalten (eins, zwei, drei, vier, fünf, sechs, sieben wo ist denn der Hans geblieben?). Sie werden zunächst als zusammenhängende Wortgebilde (einszweidreivier) gelernt und können nicht auf einzelne Objekte z.B. im Sinne von Zählhandlungen angewandt werden.

Neben dem Erwerb der Zahlwortreihe steht im Kleinkindalter (zwei bis drei Jahre) die Elaborierung der frühen Säuglingskompetenzen. Dies bezieht sich z.B. auf den Vergleich zweier Mengen. Ab dem Alter von zwei bis drei Jahren lernen Kinder, kleine Anzahlen gerichtet in eine Reihenfolge zu bringen und dabei nach größer bzw. kleiner zu bewerten: $1 < 2 < 3 < 4$ (Cooper 1984). Es werden nun – neben der Zahlwortreihe – auch Manipulationen mit Mengen und Mengenoperationen sprachlich benennbar: Kinder erlernen Begriffe wie: viel, wenig, mehr, weniger.

Zahlwörter aufsagen, Reihen bilden, Mengen global vergleichen stellen die Fähigkeiten dar, die einer ersten Stufe beim Rechenerwerb entsprechen.

Stufe 2: Zahlen werden für Zählhandlungen eingesetzt, Zahlen stehen jeweils für die Position in der Reihe, Objekte werden von 1 an ausgezählt, Additionen und Subtraktionen werden durch ein zählendes Vorwärts- oder Rückwärtsgehen in der Zahlwortfolge möglich.

Die nächste Stufe ist erreicht, wenn die Zahlwörter voneinander unterschieden und in Zählhandlungen eingebunden werden. Dies erfolgt zunächst über die 1-zu-1-Zuordnung je eines Zahlwortes zu einem Objekt. Dabei bildet die Zahlwortreihe immer noch eine feste, untrennbare Sequenz, so dass Zählhandlungen nur durch ein vollständiges Aufsagen der Zahlwortreihe von „eins" an ausgeführt werden können.

Ausgehend von der Fähigkeit, Sequenzen zu bilden und nach ihrer „Größe" gerichtet zu sortieren, wird nach Resnick (1983) die Vorstellung entwickelt, dass bei der Zahlwortreihe Zahlen in einer festen Sequenz aufeinander folgen, die ein „Mehr"- oder „Größer"-Werden anzeigen. Sie bezeichnet diese Vorstellung als „mentalen Zahlenstrahl", der mit einem „Richtungsmarker" versehen ist (Abbildung 6) und auf dem die Abstände zwischen den Zahlen noch keine Bedeutung haben.

Durch eine Integration der intuitiv verfügbaren kognitiven Schemata „Vergleichen", „Vermehren / Vermindern", „mentaler Zahlenstrahl mit Richtungsmarker" werden der Aufbau und die Funktionsweise des Zahlenstrahls weiter erarbeitet und ein erstes Anwenden der Zahlwortreihe auf Rechenhandlungen möglich.

Wird die Zahlwortfolge als feste Sequenz von Zahlen verstanden, in der jede Zahl einen bestimmten (kleineren) Vorgänger und einen bestimmten (größeren) Nachfolger hat, dann sind Kinder mit vier bis fünf Jahren in der Lage, Zahlen hinsichtlich ihrer Größe miteinander zu vergleichen. Sie führen diesen Vergleich durch, indem sie die Zahlwortreihe aufsagen und diejenige Zahl als „größer" identifizieren, die später in der Zahlwortreihe auftaucht. Die so vorgenommenen Vergleiche sind rein an der Position in der Zahlwortreihe orientiert, ihnen liegt kein kardinales Verständnis zugrunde.

In ähnlicher Weise zählend wird auch die Bewältigung von Rechenoperationen möglich. Da Kinder sehr früh verstehen, dass etwas mehr

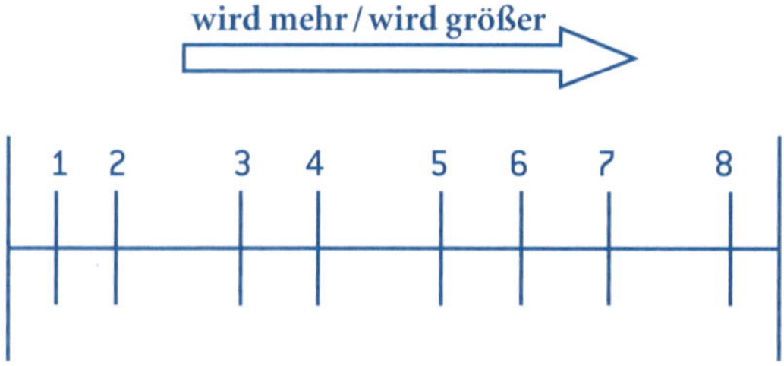

Abbildung 6: Mentaler Zahlenstrahl nach Resnick (1983) – In der fortlaufenden Zahlwortreihe werden die Zahlen „mehr, größer".

wird, wenn etwas hinzukommt und etwas weniger wird, wenn man etwas wegnimmt (Schema des Vermehrens und Verminderns), werden dann, wenn diese Vorstellungen auf den mentalen Zahlenstrahl übertragen werden, Mengenveränderungen quantifizierbar. Das bedeutet, die Vorschulkinder verfügen damit über ausreichendes Wissen, um einfache Additions- und Subtraktionsaufgaben folgender Art zu lösen:

- **Aufgabe:** „Du hast 3 Bonbons und bekommst noch 2 dazu. Wie viele hast Du dann?"
- **Aufgabe:** „Du hast 5 Freunde zu Besuch. 2 gehen weg. Wie viele sind dann noch da?"

Ihr Grundwissen entspricht der Vorstellung, dass Aufgaben zum Vermehren (Addition) ein Voranschreiten oder Vorwärtsgehen auf dem Zahlenstrahl bedeuten und Aufgaben zum Vermindern ein Zurückgehen. Die Bewältigung der Aufgaben erfolgt zählend jeweils bei 1 beginnend, oft unter Zuhilfenahme der Finger. Im Detail können sich die Zählweisen (Aufklappen, Runterklappen, von links nach rechts und umgekehrt usw.) unterscheiden: So könnten bei Aufgabe a zunächst drei Finger abgezählt werden, danach zwei und sodann alle aufgeklappten Finger. Bei Aufgabe b werden fünf Finger gezählt. Dann werden zwei Finger „weggezählt" und die verbliebenen drei Finger neu ausgezählt. Immer aber ist das Ergebnis eine Zahl in der Reihe der Zahlen, in der Zahlwortfolge bzw. auf dem Zahlenstrahl und keine Summe.

Kernaussage

Beziehungen zwischen Zahlen werden also auf dieser Stufe in Form eines ordinalen Zahlenstrahls repräsentiert. Da die Kinder mit diesem Wissen schon eine Vielzahl mathematischer Anforderungen bewältigen können, werden ihnen allerdings oft größere Kompetenzen zugeschrieben, als tatsächlich vorhanden sind.

Stufe 3: Es wird erkannt, dass Zahlen auch Anzahlen von Elementen einer Menge darstellen und Mengen in Mengen enthalten sind.

Obwohl bereits 2-jährige Kinder mit kleinen Zahlenangaben durchaus Mengenvorstellungen verknüpfen (zwei Schuhe, zwei Strümpfe), entwickelt sich das eigentliche kardinale Verständnis von Zahlen bei den meisten Kindern erst später. Welche Einsichten im Einzelnen zu einem kardinalen Verständnis führen, ist nicht vollständig geklärt. Voraussetzung für dieses Verständnis ist allerdings das Wissen, dass jede Zahl in der Reihe auch für eine Menge steht. So steht die Zahl 4 bzw. das Zahlwort vier auch für die Anzahl der darin enthaltenen Objekte (Abbildung 7).

Auf Stufe 2 war bereits eine erste Integration von Zählwissen (Sequenz der Zahlwortfolge) und Mengenwissen (unspezifisches Wissen, dass die Zahlen in der Zahlwortfolge „mehr", „größer" werden) erfolgt. Dieses Mengenwissen war allerdings eher „zahlwortfrei". Jetzt geht es darum, auch das Mengenwissen zu quantifizieren.

Im Prozess des Rechnenlernens stellt diese Integration ein erstes bedeutsames Nadelöhr dar, eine Hürde, die nicht alle Kinder problemlos meistern. So verstehen rechenschwache Kinder, nachdem sie eine Menge ausgezählt haben, die Frage „Wie viele sind es?" nicht. Sie zählen erneut von 1 an oder beziehen das letzte Zahlwort (wie einen Namen) nur auf dieses Objekt. Sie zeigen auf das fünfte Auto und sagen „This is the five cars" (Fuson 1992a). Antworten Kinder nach einem Zählvorgang auf die Frage „Wie viele sind es?" mit „fünf Autos", kann dies als erster Hinweis gelten, dass hier die Mengenangabe gemeint ist, die alle Objekte der Menge enthält.

Mit diesem Verständnis kann nun von beliebigen Startpunkten der Zahlwortreihe aus weitergezählt werden. Bei Additionsaufgaben, z. B. bei der Aufgabe: $4 + 3 = ?$ ist es nun nicht länger nötig, die beiden Summanden jeweils bei eins beginnend auszuzählen, die Kinder zählen nun „vier, fünf, sechs, sieben" und antworten „sieben". Damit werden erste

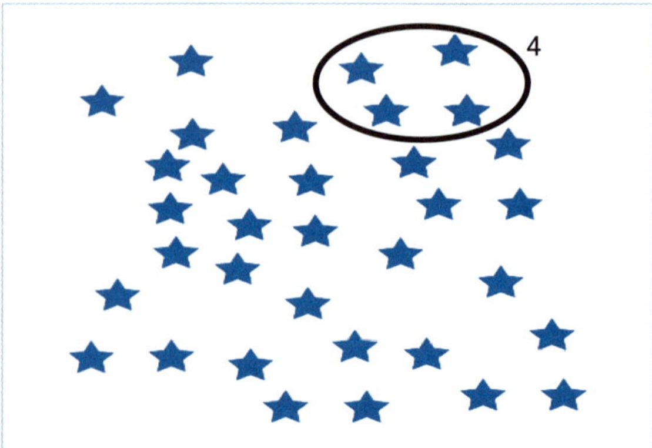

Abbildung 7: Kardinale Bedeutung der Zahl 4

effektive – vom rein zählenden Rechnen abgelöste – Rechenstrategien möglich.

Kernaussage

Das bedeutet, dass der Erwerb der Kardinalität einen konzeptuellen Wechsel einleitet, da nun der erste Summand unter dem Aspekt des Kardinalwertes als eine Menge betrachtet wird. Ausgehend von dieser Menge zählen die Kinder die zweite Menge hinzu und erhalten die Gesamtmenge. Damit beginnt ein erstes Verständnis dafür, dass der erste Summand als Teilmenge in der Summe enthalten ist.

Stufe 4: Das Verständnis für gleiche Abstände zwischen aufeinanderfolgenden natürlichen Zahlen wird entwickelt, Differenzen zwischen Mengen sowie Teil-Teil-Ganzes-Verhältnisse werden erkannt.

In Alltagskontexten erwerben Kinder im Kindergartenalter das kognitive Schema, dass Objekte und Mengen in Teile zerlegt und wieder zusammengesetzt werden können, ohne ihre „Größe" oder „Mächtigkeit" zu verändern. Ein Butterbrot wird in kleine mundgerechte Portionen zerschnitten und dann wieder zur Butterbrotform zusammengesetzt, eine Banane wird in zwei Teile zerlegt, zusammengefügt sieht sie wieder aus wie die unzerschnittene Banane. Diese und viele andere Erfahrungen vermitteln dem Kind das kognitive Schema des Teile-Ganzes-Konzepts.

Kernaussage

Die Anwendung dieses Wissens – nämlich dass Mengen in Teile zerlegt und ohne Schaden zu nehmen wieder zusammengesetzt werden können – auf konkrete Quantitäten, gilt als bedeutsamster Schritt in der Entwicklung des mathematischen Verständnisses (Resnick 1983; Gerster 2003). Er ist deshalb besonders bedeutsam, weil ein sicheres Verständnis der Grundrechenarten und vieler weiterführender Rechenoperationen auf diesem Konzept basieren.

Das Konzept zu verinnerlichen, bedarf eines längeren Lernprozesses, der gewöhnlich im ersten und zweiten Schuljahr stattfindet. Mit dem Erwerb der Kardinalität beginnen Kinder zu verstehen, dass Zahlen andere Zahlen beinhalten (die Menge 5 beinhaltet auch die Menge 2, 3 und 4). So werden Zahlen (Mengen) denkbar als zusammengesetzt aus anderen Zahlen (Mengen) und damit zerlegbar. Folgende Aufgabe wird so lösbar:

- **Aufgabe:** „Gib mir 5 Bauklötze, 3 *davon* sollen rot sein."

Bezogen auf Rechenhandlungen des Hinzufügens und Wegnehmens bedeutet die Integration des Teile-Ganze-Schemas und quantitativer Vorstellungen, dass die Kinder – zunächst auf anschaulicher Ebene – beginnen, die Beziehungen zwischen den beiden Teilmengen und der Gesamtmenge zu sehen:

- Zwei Teilmengen werden zu einer Gesamtmenge verbunden,
- eine Gesamtmenge kann wieder in die beiden Teilmengen zerlegt werden,
- aus der Gesamtmenge und einer Teilmenge kann die zweite Teilmenge erschlossen werden (Abbildung 8).

Noch eine andere wesentliche konzeptuelle Entwicklung findet auf dieser Stufe statt. Während auf der Stufe 2 nur ein unflexibles Zählen entlang des Zahlenstrahls möglich ist, lernen die Kinder allmählich, jedes Zahlwort als eigene Einheit zu betrachten. Damit werden die Zahlwörter selbst – ebenso wie Objekte – zählbar.

Kernaussage

Jedes Zahlwort in der Reihe steht für einen Zählschritt; damit steht das letztgenannte Zahlwort für die Anzahl abgezählter Gegenstände ebenso wie für die Anzahl der Zählschritte. Dieses neue Wissen versetzt Kinder in die Lage, den Unterschied zwischen zwei Mengen quantitativ zu ermitteln.

Abbildung 8: Zusammenhang zwischen Teilmengen und Gesamtmenge – die beiden Teilmengen sind äquivalent zur Gesamtmenge.

Der Unterschied zwischen den Mengen 3 und 5 beträgt 2, ebenso der Unterschied zwischen den Mengen 6 und 8. Die Menge 2 bezeichnet somit einmal den Abschnitt auf dem Zahlenstrahl 3–5 und einmal den Abschnitt 6–8. Die Menge 2 kann demzufolge „beliebige" Abschnitte auf dem Zahlenstrahl einnehmen, die jeweils gleich „groß" sind (Abbildung 9).

Die gleiche „Größe" (Mächtigkeit) der Abschnitte zwischen den Zahlen 6 und 8 wie zwischen den Zahlen 3 und 5 beruht darauf, dass die Zahlen in der Zahlwortreihe „gleich abständig" je um 1 größer werden. Damit können die Kinder nun auch folgende Aufgabe lösen:

- **Aufgabe:** „Welche Zahl ist um 1 größer als 4 und welche Zahl ist um 1 kleiner als 6?"

Kernaussage

Zahlen bezeichnen nun auch Abschnitte auf dem Zahlenstrahl (Abbildung 10).

Stufe 5: Teile-Ganzes-Konzept und relationaler Zahlbegriff werden weiterentwickelt, Zählen in Schritten und das Erkennen größerer Differenzen werden möglich.

Auf dieser Stufe werden die beiden Konzepte: das Teile-Ganzes-Konzept und der relationale Zahlbegriff weiter vertieft. Unter dem Aspekt des Teile-Ganzes-Konzepts wird bei additiven und subtraktiven Rechenhandlungen die Beziehung zwischen den Teilmengen und der Gesamt-

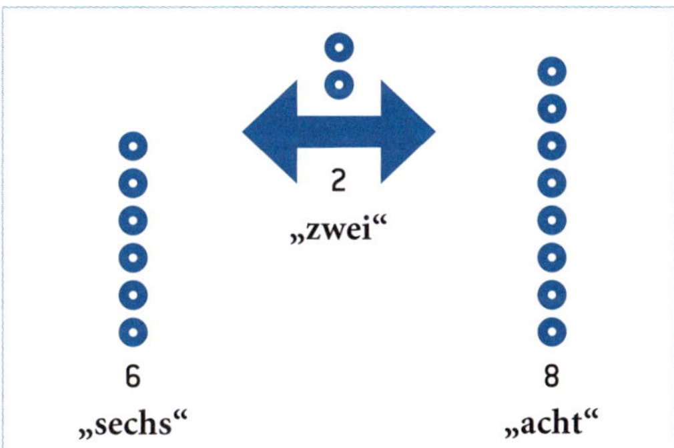

Abbildung 9: Bestimmung der Differenz wischen zwei unterschiedlich großen Reihen

menge noch deutlicher. Additionsaufgaben werden aus drei (mindestens) getrennten Quantitäten (Mengen) zusammengesetzt, die beiden Teilmengen (Summanden) sind äquivalent zur Summe (Abbildung 11).

Den Zusammenhang zwischen den Zahlen: 2, 5, 7 bezeichnet Resnick (1983) als „Zahlentripel". Im Zahlentripel 2 – 5 – 7 ist 7 das Ganze und 2 und 5 sind die Teile. Diese Beziehung bleibt bestehen, egal in welcher Form die Aufgabe gestellt wird (Abbildung 12).

Das Erkennen von Zusammenhängen zwischen den Aufgaben stellt einen wichtigen Schritt in der Entwicklung des mathematischen Verständnisses dar.

Ähnliches gilt für Subtraktionsaufgaben. Bei der Aufgabe 7 – 5 = 2 ist 7 das Ganze und 2 und 5 sind die Teilmengen, wobei hier eine Teilmenge aus dem Ganzen abgegrenzt wird. Wird diese Teilmenge wieder hinzugefügt, ist die Gesamtmenge wieder hergestellt.

Unter dem Gesichtspunkt des Teile-Ganzes-Konzepts können Additions- und Subtraktionsaufgaben als komplementär gesehen werden: Addition als Zusammensetzung eines Ganzen aus Teilen und Subtraktion, gedeutet als Unterschied zwischen den Teilen und dem Ganzen. Die Rechensituationen können sowohl additiv als auch subtraktiv modelliert werden (2 + 5 = 7 und 7 – 2 = 5). Unabhängig davon, ob eine Rechenanforderung additiv oder subtraktiv vorgegeben ist, ob die Gesamtmenge oder Teilmengen bzw. Austausch- oder Differenzmengen gesucht werden, liegt den Operationen immer eine solche triadische Struktur zugrunde.

Kernaussage

Die Interpretation von Zahlen und Rechenoperationen in Begriffen von Teile-Ganzes-Beziehungen stellt die größte konzeptuelle Leistung der frühen Schuljahre dar (Resnick 1983).

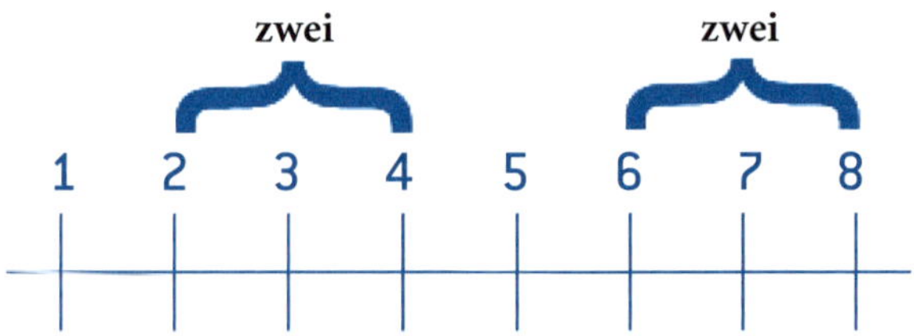

Abbildung 10: Der relationale Zahlbegriff – „2" steht nicht nur für den Abschnitt von 0–2 auf dem Zahlenstrahl, sondern losgelöst davon jeweils auch für 2 Zählschritte.

Bezogen auf Sachaufgaben werden folgende Aufgaben lösbar:

- **Aufgabe:** „Paul hat 9 Stifte, wie viele muss er sich noch nehmen, damit er insgesamt 15 Stifte hat?" (Gesucht ist die Differenzmenge.)
- **Aufgabe:** „Auf dem Klettergerüst sind einige Kinder. Es kommen 3 hinzu, jetzt sind 12 dort. Wie viele waren es zu Beginn?" (Gesucht ist die Ausgangsmenge.)

Gerade bei der letzten Aufgabe muss das konzeptuelle Wissen um die Gegenläufigkeit (bzw. Komplementarität) von Addition und Subtraktion

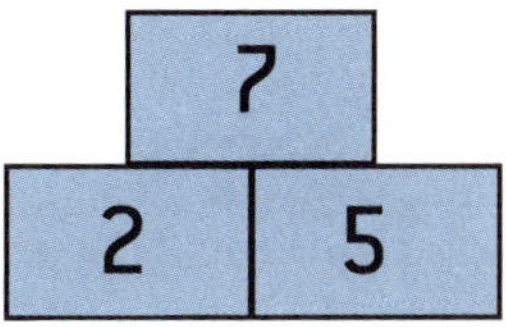

Abbildung 11: Zusammenhang zwischen den Teilmengen und der Gesamtmenge – Die beiden Teilmengen sind äquivalent zur Gesamtmenge.

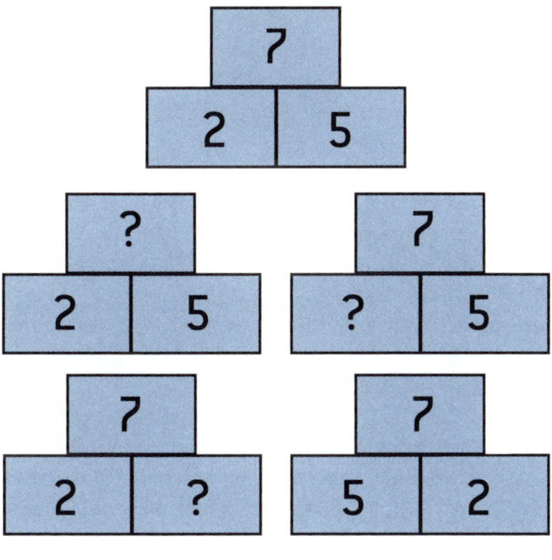

Abbildung 12: Die Beziehung zwischen den beiden Teilmengen und der Gesamtmenge ist determiniert; aus den Angaben zu zwei Mengen kann die dritte erschlossen werden.

genutzt werden. Denn obwohl die sprachliche Formulierung der Sachaufgabe (3 kommen hinzu) auf eine Addition hindeutet, muss das Ergebnis durch eine Subtraktion der beiden genannten Mengen ermittelt werden.

Erkenntnisse dieser Art tragen dazu bei, dass Beziehungen zwischen Aufgaben gesehen werden. Wenn sie genutzt werden, wird eine neue Qualität, ein denkendes Rechnen (Krauthausen / Scherer 2007) möglich, das sich durch effektive Rechenstrategien und einen flexiblen Umgang mit mathematischen Anforderungen auszeichnet.

Das Prinzip der Zerlegbarkeit bezieht sich aber nicht nur auf die Beziehung zwischen Teilen und Ganzem, sondern auch auf einzelne Teilmengen. Die Aufgabe 8 + 5 = ? kann errechnet werden, indem ein Summand (also eine Teilmenge) zerlegt wird 5 = 2 + 3 oder 8 = 5 + 3, sodass dann zu rechnen ist, 8 + 2 + 3 = 13 oder 5 + 5 + 3 = 13.

Auch das relationale Zahlverständnis wird auf dieser Stufe weiter vertieft. Rechenanforderungen, in denen relationale Zahlbeziehungen formuliert werden („welche Zahl ist um 3 größer als 4?“), werden allmählich bewältigt. Angewandt auf Sachaufgaben werden Aufgaben der folgenden Art lösbar:

- **Aufgabe:** „Auf der Rutsche sind 5 Kinder. Auf dem Klettergerüst sind 4 mehr als auf der Rutsche. Wie viele sind auf dem Klettergerüst?“

Noch deutlicher wird die Bedeutung des relationalen Verständnisses, wenn in Aufgaben die konkreten Teilmengen nicht mehr benannt werden:

- **Aufgabe:** „Auf der Rutsche und auf dem Klettergerüst sind zusammen 10 Kinder. Auf der Rutsche sind 2 Kinder mehr als auf dem Klettergerüst. Wie viele sind auf der Rutsche, wie viele auf dem Klettergerüst?“
- **Aufgabe:** „Auf dem Klettergerüst sind 7 Kinder weniger als auf der Rutsche. Auf beiden Spielgeräten sind zusammen 19 Kinder. Wie viele sind auf dem Klettergerüst?“

Diese Aufgaben sind nur lösbar, wenn ein relationales Zahlverständnis mit einem Verständnis der stabilen Beziehung zwischen den Teilen und dem Ganzen verbunden wird (Zahlzerlegung). Erst aufbauend auf diesem Verständnis können komplexe Aufgaben, die eine Integration des Teile-Ganzes-Schemas mit dem relationalen Zahlverständnis voraussetzen, gelöst werden.

Kernaussage

Die Entwicklung dieser komplexen mathematischen Konzepte ist ein langfristiger, nicht-linearer Prozess, der bei Kindern mit „normaler“ Entwicklung bis in das dritte Schuljahr hineinreicht. Nicht-linear bedeutet, dass Einsichten und Kompetenzen immer nur allmählich gelernt werden – manchmal erst für einen kleinen Zahlenraum oder für den Umgang mit spezifischen Materialien (z.B. Rechenrahmen, Zwanzigerfeld) und: Neue konzeptuelle Einsichten lösen auch bestehende Strukturen und „Rechengewohnheiten“ nicht sofort ab, sondern werden häufig zunächst parallel verwendet (Stern 1997). Siegler (1987) spricht daher von einem Prozess sich überlappender Wellen.
Für die Modellierung von Stufen bedeutet dies letztlich, dass sich die Rechenfähigkeiten den einzelnen Stufen unter der Annahme von Lösungswahrscheinlichkeiten zuordnen lassen. Damit sind zwischen den Stufen keine scharfen Grenzen, sondern vielmehr Übergänge anzunehmen. Für einzelne Kinder mögen also Lösungsmuster beobachtet werden, die verschiedene Stufen repräsentieren. Insgesamt gesehen werden mit dem Modell jedoch wesentliche Meilensteine in der Kompetenzentwicklung darstellbar und empirisch prüfbar.

Verständnis des Stellenwertsystems

Verschiedene Autoren weisen auf die grundlegende Bedeutung des Teile-Ganze-Konzepts für viele weiterführende Rechenoperationen (Multiplikation, Division, Bruchrechnung) sowie für das Verständnis des Stellenwertsystems hin (Resnick et al. 1991): Elemente einer Menge werden zu immer gleichgroßen Gruppen zusammengefasst (im dekadischen System immer 10 Elemente). Gruppen, die nicht komplett gefüllt sind, werden als Einzelne (im Zehnersystem „Einer“) notiert.

Komplett gefüllte Gruppen sind die Bündel erster Ordnung, die dann zu weiteren Bündeln zusammengefasst werden können, also etwa die 10er-Bündel zur 100. Mit der 100er-Ebene ist dieser Erkenntnisprozess jedoch nicht abgeschlossen. Vielmehr müssen der 1000er Zahlenraum sowie darüber hinausgehende Zahlenräume jeweils durch Unterricht gezielt erarbeitet werden.

Das dezimale Stellenwertsystem erlaubt es, Strukturierungen vorzunehmen und Anzahlen zu überschaubaren Einheiten (je 10) zu bün-

Tabelle 2: Ausschnitt Stellenwerttafel

Hunderter	Zehner	Einer
	1	5
3	2	4
		6

deln. An erster Stelle wird die Anzahl der Zehnerbündel aufgeführt, an zweiter Stelle die Anzahl der nicht mehr bündelbaren Einer. Auf diese Weise lassen sich in beeindruckender Ökonomie Mengen bis 99 auf der Basis der Ziffern 0–9 als zweistellige Zahlen aufschreiben.

Die so vorgenommenen Bündelungen schlagen sich in der Zahlwortbildung und der Stellenwertschreibweise der Zahlen nieder. Wird die Zahlwortreihe bis zwölf als reine Wortreihe gelernt, so gibt deren Fortsetzung „drei-zehn, vier-zehn“ erste Hinweise auf die Struktur unseres dezimalen Zahlsystems. Die Zahlwortbildung ab drei-zehn wird aus zwei Teilen zusammengesetzt: dem Zehner und den Einern. In dieser Weise werden Anzahlen bis 99 gebildet: die Elemente einer vorgegebenen Menge werden so lange zu Zehnerbündeln zusammengefasst, bis kein Zehnerbündel mehr gebildet werden kann. Die Anzahl der Bündel kann in einer Stellenwerttafel notiert werden.

Die Zahl 26 z.B. darf nicht als eine Zahl in der fortlaufend aufgesagten Zahlwortreihe begriffen werden, sie muss verstanden werden als zusammengesetzt aus 2 Zehnerbündeln und 6 Einern. Dabei werden die Zehnerbündel zu neuen Einheiten, mit denen effektiv umgegangen werden kann. Die Erweiterung des Zahlenraums von 20 bis 100 stellt den Kindern nicht einfach einen größeren Zahlenvorrat zur Verfügung, der dadurch gewonnnen wird, dass die Kinder das „Aufbauprinzip“ des dekadischen Zahlsystems verstanden haben und nun Zahlen beliebig bilden können. Vielmehr ist hier die Einsicht in die Aufbaugesetzlichkeit als Bündelungsprinzip gefordert, was eine deutlich höhere kognitive Leistung darstellt.

Einer Untersuchung von Ross (1989) an Zweit- bis Fünftklässlern zufolge lassen sich beim Erwerb des Stellenwertverständnisses unterschiedliche Stufen unterscheiden:

- Zweistellige Zahlen werden zunächst lediglich als Notation für eine größere Menge begriffen.

- Die unterschiedliche Bedeutung der beiden Ziffern wird erkannt, jedoch nicht die dahinter stehende Quantität.
- Diese wird erst in einem nächsten Schritt erfasst – die erste Ziffer steht für die „Zehner“ und die zweite Ziffer für die „Einer“. Noch fehlt jedoch die Erkenntnis, wie Zehner und Einer aufeinander bezogen sind, d.h. gebündelt und entbündelt werden können.
- Erst in einem weiteren Schritt wird das Verständnis aufgebaut, dass die erste Ziffer für die Anzahl der Zehner steht und die zweite Ziffer angibt, wie viele Einer die Menge enthält. Dieses Wissen ist aber noch unsicher und nicht flexibel anwendbar (construction zone).
- Ein sichereres Stellenwertverständnis ist dann verfügbar, wenn zweistellige Zahlen in Rechenoperationen sicher ge- und entbündelt werden können, wie in nachfolgenden Rechenbeispielen aufgezeigt:

Rechenbeispiel Addition: 14 + 17 = 31
Die 14 wird entbündelt in 1 Zehner und 4 Einer, die 17 zu 1 Zehner, 7 Einer; die beiden Zehner werden zu zwei Zehnern zusammengefasst; die 4 Einer und die 7 Einer bilden gemeinsam wieder 1 Zehner, 1 Einer bleibt übrig; dies ergibt insgesamt 3 Zehner und 1 Einer.

Schwieriger ist es, wenn bei der Durchführung von Subtraktionen Zehner zu Einern entbündelt werden müssen.

Rechenbeispiel Subtraktion: 33 – 17 = 16
33 wird entbündelt in 3 Zehner und 3 Einer, die 17 in 1 Zehner und 7 Einer; dann kann 1 Zehner von den 3 Zehnern abgezogen werden; um aber die 7 Einer abzuziehen, muss einer der Zehner in 10 Einer entbündelt werden. Von 13 Einern werden 7 Einer abgezogen, es bleiben noch 6 Einer übrig. Insgesamt bleiben 1 Zehner und 6 Einer übrig.

Für die Erweiterung des Zahlenraums bis 1000 müssen die Kinder verstehen, dass analog zur Bündelung der Einer auch die Zehner in Zehnerbündel zu je einem Hunderter zusammengefasst werden (Tabelle 2).

Entsprechend der Stellenwerttafel steht jede Ziffer für die in ihr enthaltenen Bündel (3 Hunderterbündel, zwei Zehnerbündel und 4 Einer). Dabei kann durchaus eine Position im Stellenwertsystem nicht besetzt sein. Die Ziffer 302 z.B. steht für eine Menge, die sich zu 3 Hundertern bündeln ließ, mit einer Restmenge von zwei Einern. Dass in dieser Menge keine Zehnerbündel enthalten sind, gibt die 0 auf der Position der Zehnerbündel an. Die Kinder müssen also verstehen, dass auch die Null für eine Position im Stellenwertsystem steht, wobei 0 bedeutet, dass auf dieser Stelle keine Bündel vorhanden sind. Rechenoperationen können es allerdings erforderlich machen, einen Hunderter in zehn Zehner zu entbündeln, um von diesen Zehnern z. B. eine Menge abzuziehen. Die restlichen Zehner werden dann auf der Zehnerposition notiert.

Die Ausführungen verdeutlichen, wie komplex der Prozess bis zum sicheren Stellenwertverständnis ist, das mit der Erweiterung des Zahlenraums immer wieder vertiefend erarbeitet werden muss.

Kernaussage

Die Beispiele sollten deutlich machen, dass ein tiefes und tragfähiges Verständnis der Rechenoperationen und der Erwerb effektiver Strategien nur möglich sind, wenn das dafür notwendige konzeptuelle Wissen vorhanden ist. Ist dies der Fall, können Zusammenhänge zwischen Rechenoperationen gesehen und miteinander vernetzt werden. Werden dagegen die Grundrechenarten nur oberflächlich im Sinne von Anwendungsprozeduren verstanden, darf es nicht verwundern, wenn Schüler diese „vergessen“.

Meilensteine in der Kompetenzentwicklung – besondere Hürden für Kinder mit Rechenproblemen

3

Fasst man die Befunde zu den Rechenleistungen rechenschwacher Kinder zusammen, zeigt sich, dass rechenschwache Kinder im Vergleich zu unauffälligen Kindern *mehr, aber nicht* unbedingt *andere* Fehler machen. Die Fehler treten allerdings häufiger auf und sind resistenter trotz durchgeführter Förderung. Kinder mit Rechenschwierigkeiten rechnen zählend, machen Fehler beim Benennen von Vorgängern und Nachfolgern von Zahlen, beim Rückwärtszählen und Zählen in größeren Schritten (2, 4, 6 oder 5, 10, 15). Die Kinder haben darüber hinaus erhebliche Schwierigkeiten beim Lösen von Textaufgaben und nur eine unzureichende Kenntnis von Rechenfakten (Moog / Schulz 2005, Grube 2006).

Als ein zentrales Problem wird immer wieder hervorgehoben, dass die Kinder Aufgaben zählend lösen (Schipper 2005) und „zählende Rechner" bleiben. Nach Gerster (2003) hängt dies mit einseitigen Zahlvorstellungen zusammen, auf deren Basis Kinder allerdings einen beachtlichen Anteil von Aufgaben bewältigen. Ostad (1997) beobachtete in einer Längsschnittstudie die Entwicklung der Strategien von Kindern der Klassen 1 bis 7 beim Addieren und Subtrahieren. Beobachtet wurden Veränderungen im Verlauf von zwei Jahren. Die schwächsten Kinder der Klassen 1 bis 7 veränderten ihre Strategien im Verlaufe des Beobachtungszeitraums nicht. Sie behielten ihre Strategien bei, die bei der Anwendung in größeren Zahlenräumen sehr aufwendig werden (Anforderungen an Konzentration, Arbeitsgedächtnis, Überwachungsprozesse, Finden des richtigen Start- und Endpunktes), und entwickelten diese auch nicht weiter. Auch andere Untersuchungen zeigen eindeutig, dass Zählstrategien dominieren (Jordan et al. 2006).

Damit bestehen die Probleme rechenschwacher Kinder (1) in einer nicht angemessenen Entwicklung nicht-zählender Rechenverfahren. Daraus folgt (2), dass nicht oder nur verzögert effiziente, tragfähige Strategien erworben werden (z.B. die Zerlegbarkeit von Mengen), welche die Rechenprozeduren ökonomischer und „flüssiger" machen. Infolgedessen ist auch der Aufbau von Faktenwissen (wie das kleine Einmaleins) beeinträchtigt (Geary 1993, Jordan et al. 2006). Außerdem entwickeln rechenschwache Kinder kein ausreichendes Verständnis mathematischer Konzepte (3). Diese drei Eckpfeiler des mathematischen Verständnisses: konzeptuelles Wissen, Strategien und Faktenwissen entwickeln sich in enger Wechselwirkung und hängen von weiteren Komponenten wie z.B. der Leistungsfähigkeit des Arbeitsgedächtnisses ab (siehe Kapitel 1).

Die Schwierigkeiten und Verzögerungen im Erwerb von Kenntnissen und Konzepten bestehen bei rechenschwachen Kindern in der Regel „von Anfang an", d.h., dass die Kinder bereits mit geringen Lernvoraussetzungen, mit einem wenig entwickelten grundlegenden Verständnis bzw. einem gering entwickelten Gefühl für Zahlen – im Englischen als „number sense" oder „numerosity" bezeichnet (Landerl et al. 2004) – in die Schule kommen (Weißhaupt et al. 2006). Die Probleme der Kinder sind in zweierlei Formen denkbar:

- Die Entwicklung erfordert mehr Zeit, sodass rechenschwache Kinder Konzepte, Prozeduren und Rechenfakten später entwickeln als altersgleiche Kinder.
- Die Entwicklung unterscheidet sich qualitativ von der Entwicklung unauffälliger Kinder.

Desoete und Roeyers (2005) zeigen, dass sich rechenschwache Kinder nicht in „gleichmäßigem" Abstand zu ihrer Altersgruppe entwickeln, sondern einige Fähigkeiten (hier Repräsentation von Größen) deutlich langsamer ausbilden. Brown et al. (2003) berichten dagegen über Kompetenzprofile von lernschwachen und leistungsfähigen Kindern, die sich quantitativ unterscheiden, d.h. die schwächeren Kinder Kompetenzen später entwickeln.

Da in der Lernstörungsliteratur die Frage, ob es sich um quantitative oder qualitative Abweichungen handelt, bisher nicht eindeutig beantwortet ist, soll für die Störungen im Erwerb mathematischer Kompetenzen auch im Folgenden keine Entscheidung herbeigeführt werden. Zweifellos hängt die Antwort davon ab, wie differenziert die einzelnen Komponenten des Vorwissens untersucht werden.

Im Folgenden wird der Versuch unternommen, „Störungen in der Entwicklung" mit dem skizzierten Entwicklungsmodell (Kapitel 2) in Beziehung zu setzen. Damit wird eine neue Perspektive vorgeschlagen:

Kernaussage

Es wird nicht mehr gefragt, durch welche beeinträchtigten Teilfertigkeiten die Probleme entstanden sein könnten. Vielmehr werden Störungen in einen Entwicklungsverlauf von Kompetenzen eingeordnet. Durch diese Zuordnungen wird der individuelle Stand der Entwicklung in Bezug auf die Konzepte sowie die Strategien, die Kinder zum Lösen von Aufgaben einsetzen, beschreibbar und erklärbar. Aus dem Modell können außerdem die jeweils nächsten Entwicklungsschritte im Sinne der „Zone der nächsten Entwicklung“ abgeleitet werden.

Von Interesse ist, ob sich „Nadelöhre“ oder „Meilensteine“ in der Entwicklung ausmachen lassen, also solche mathematischen Konzepte, die in der Hierarchie der aufeinander aufbauenden Niveaustufen eine besondere Bedeutung haben und aus deren unzureichender Entwicklung sich massive Auswirkungen ergeben.

Erste empirische Daten, die das Modell stützen, liegen vor. Längsschnittdaten, die die individuellen Veränderungen in den Niveaustufen rechenschwacher Kinder im Zeitverlauf abbilden, werden gegenwärtig erhoben (Ricken et al. 2008). Im Wesentlichen werden mit dem Modell frühe Entwicklungsprozesse, die sich bis ins Grundschulalter vollziehen, systematisiert und beschrieben.

Der Ansatz, Kompetenzmodelle für die Beschreibung der erworbenen Fertigkeiten sowie der Entwicklungsveränderungen zu erarbeiten, stellt eine neue Zugangsweise dar, die sich seit den PISA-Studien zunehmend etabliert. Die Einrichtung eines Forschungsschwerpunktprogrammes (Klieme / Leutner 2006) macht deutlich, dass solche Modelle fehlen und in den nächsten Jahren zu konzipieren, zu erproben und zu evaluieren sind. Auch für die mathematischen Kompetenzen stehen derartige umfassende Modellentwürfe am Anfang. Für die Entwicklung im Grundschulalter liegen erste Studien vor, die eine solche Modellierung erlauben (Reiss et al. 2007). Ansonsten fokussieren vorhandene Untersuchungen traditionell auf einzelne Aspekte der Entwicklung mathematischer Kompetenzen wie auf das Lösen einfacher Arithmetikaufgaben oder Textaufgaben (Stern 1997) sowie die Veränderungen von Zählstrategien (Grube 2006).

Beispiele für einen komplexeren Untersuchungsansatz sind die IGLU-Studie (Bos et al. 2003) und die Studie von Reiss et al. (2007). Das IGLU-Modell definiert die Anforderungsmerkmale der einzelnen Stufen aus den Inhalten und Zielen des Mathematikunterrichts am Ende der Grundschule. Das Modell von Reiss et al. (2007) enthält fünf Niveaustufen, die hierarchisch aufeinander aufbauen, und geeignet sind, individuelle Entwicklungen in unterschiedlichen Leistungsbereichen abzubilden:

- numerisches und begriffliches Grundlagenwissen (Routineprozeduren) ohne Anwendungsbezug
- Grundfertigkeiten im Umgang mit dem Zehnersystem, der ebenen Geometrie und Größen
- sicheres Rechnen in curricularem Umfang und einfaches Modellieren
- Beherrschung der Grundrechenarten unter Nutzung der Dezimalstruktur und begriffliche Modellierung
- Problemlösen in mathematischen Kontexten

Erste Ergebnisse im Sinne des Modells liegen vor (Reiss et al. 2007). Allerdings erlauben aus unserer Sicht die Stufen nur globale Unterscheidungen. Welche Konzepte das Grundlagenwissen ausmachen, welche Konzepte die Bewältigung unterschiedlicher Anforderungen ermöglichen und wie diese Konzepte sich weiterentwickeln und aufeinander aufbauen, wird dabei nicht geklärt.

Da diese Fragen offen bleiben, diskutieren wir im Folgenden Meilensteine anhand des eigenen Modells und damit für den Bereich der frühen Entwicklungen, erweitern dies aber um das Stellenwertproblem und das Problem der Modellierung von Sachaufgaben und stellen somit einen ersten Bezug zum Modell von Reiss her.

Verzögerungen in der Entwicklung scheinen zunächst *auf allen Niveaustufen* zu bestehen. So wird beschrieben, dass rechenschwache Kinder bereits die *Zahlwortreihe* schwerer lernen als die Kinder ihrer Altersgruppe und mehr Zeit brauchen für die Einsicht in Vorgänger- und Nachfolgerzahlen (Landerl / Butterworth 2003). Auch die *Verknüpfung des Zahlen- und Mengenwissens* erfordert deutlich mehr Zeit. Weiterhin ist die Einsicht in die *Kardinalität* von Mengen betroffen, die für den Erwerb des *Teile-Ganzes-Konzeptes* entscheidend ist. Auch *Beziehungen zwischen Zahlen* werden nicht ausreichend erkannt (Krauthausen / Scherer 2007).

Somit werden zentrale Grundlagenkenntnisse als Basis für das Beherrschen weiterführender mathematischer Themen (Humbach 2008) nicht in ausreichendem Maße erworben. In einer Studie (Humbach / Fritz, 2007) an Fünft- und Sechstklässlern (1300 Kinder) sowie in einer Untersuchung an Zehntklässlern (Humbach, 2008) konnte entsprechend auch belegt werden, dass Kinder und Jugendliche mit Problemen im Rechnen nicht über ausreichende Grundkompetenzen verfügen.

Welche Niveaus oder „Nadelöhre“ sind nun von besonderer Bedeutung? Für einige Kinder werden bereits beim Erfassen kleiner Mengen (bis 4) (Landerl / Butterworth 2003), bei der Herstellung von Seriationen und von 1-zu-1-Zuordnungen Schwierigkeiten beobachtet, d. h., ihre Entwicklung erweist sich bereits in den Fähigkeiten als problematisch, die dem Niveau I zuzuordnen sind.

Als das größte und hartnäckigste Problem rechenschwacher Kinder wird in der Literatur allerdings übereinstimmend das zählende Rechnen genannt. Dies gilt selbst dann, wenn Kinder zählend zum richtigen Ergebnis kommen. Bezogen auf das Entwicklungsmodell bedeutet das, dass diese Kinder auf der Stufe II „stecken“ bleiben.

Auch das zählende Rechnen setzt einige mathematische Einsichten voraus. Dazu gehört, dass die Abfolge der Zahlwörter (z. B. eins bis zehn) im Gedächtnis der Kinder repräsentiert ist. Diese Repräsentation ist denkbar als ordinaler Zahlenstrahl (siehe Kapitel 2), auf dem jede Zahl eine bestimmte Position einnimmt. Vorgegebene Mengen können „gezählt“ werden, indem durch eine 1-zu-1-Zuordung jedem Objekt ein Zahlwort zugewiesen wird (Fuson / Hall 1983).

Kernaussage

Rechenschwache Kinder verstehen offenbar das Zuordnungsprinzip als Basis der Auszählhandlung. Fehler können auftreten, wenn das Nennen des Zahlwortes und das Zeigen auf das Objekt nicht simultan erfolgen (Moog / Schulz 2005).

Sobald die Kinder das intuitive Verständnis, dass etwas mehr wird, wenn etwas hinzukommt und etwas weniger wird, wenn etwas weggeht, auf den Zahlenstrahl übertragen, beginnen sie, auch Additionen und Subtraktionen auszuführen: Die Rechenoperationen werden ausgeführt, indem die Kinder auf dem Zahlenstrahl entlang zählen. Bei Additionen werden zwei Objektmengen zusammen geschoben und die entstandene Gesamtmenge – bei 1 beginnend – ausgezählt *(count all)*. Bei Subtraktionen wird die Startmenge gebildet, die zu subtrahierende Menge abgezählt, entfernt und die verbleibende Menge als Ergebnis ausgezählt. Damit bleibt das Rechnen eingeschränkt auf ein starres Vorwärts- und Rückwärtsgehen auf dem Zahlenstrahl, auf dem Zahlen nur als Positionen in der Zahlwortreihe betrachtet werden. Auf diesem sehr eingeschränkten konzeptuellen Verständnis können keine effektiven Rechenstrategien (Zerlegen, Rechenvorteile nutzen) aufgebaut und Beziehungen zwischen Zahlen nicht erkannt werden.

Nadelöhr: Kardinalität (Niveaustufe III)

Auffällig ist bei den Zählhandlungen, dass rechenschwache Kinder die zu zählenden Mengen vollständig auszählen müssen, d.h. immer bei 1 beginnen. Das Weiterzählen von einer anderen Zahl aus erfordert schon eine nächste Einsicht, nämlich die, dass in dieser Zahl alle vorangegangenen Zahlen enthalten sind. Diese Einsicht wird als Kardinalität bezeichnet und bedeutet, dass jedes Zahlwort zugleich für die Anzahl der darin enthaltenen Objekte steht. Konnten bislang Mengen nur unspezifisch als „viel, wenig, mehr, weniger" beschrieben werden, so werden durch den Erwerb der Kardinalzahl Mengen quantifizierbar. Die Größe der Menge (Frage: Wie viele?) kann nun durch eine Zahl benannt werden.

Zwei Konzepte müssen in diesem Entwicklungsschritt integriert werden: das Konzept der Sequenz der Zahlwortreihe (Zahlen als Positionen) und das Konzept der Mächtigkeit der Menge (Zahlen als Mengen einzelner Elemente).

Es ist anzunehmen, dass dieser Schritt ein erstes „wesentliches" Nadelöhr in der Entwicklung darstellt, deshalb soll das Wesen des kardinalen Verständnisses zunächst differenzierter erläutert werden, als dies im Kapitel 2 erfolgte, in dem der Gesamtzusammenhang im Mittelpunkt stand.

Die Entwicklung eines abstrakten Anzahlkonzeptes, in dem die Kardinalzahl eine immanente Eigenschaft *aller* Mengen ist (Fuson 1992b), erfolgt durch unterschiedliche Erfahrungen, die die Mehrheit der Kinder auch ohne systematische Unterstützung verarbeiten können. Das ganzheitliche Erkennen kleiner Mengen *(Subitizing)* ist früh möglich und wird in Alltagskontexten (zwei Schuhe, drei Kinder, Anzahl der Familienmitglieder, Würfelbilder) früh in einem kardinalen Sinn „genutzt" und verstanden.

Wie sich der Entwicklungsweg weiter fortsetzt und welche Erkenntnisse hier bedeutsam sind, ist nicht vollständig geklärt. Eine erste Stufe des kardinalen Verständnisses besteht in der Wiederholung des letztgenannten Zahlwortes als Kardinalwort *(last-word-rule)*. Durch Nachahmung oder Verstärkung haben Kinder gelernt, auf die Frage nach der Menge (Wie viele sind es?) das zuletzt genannte Zahlwort zu wiederholen (Gelman / Gallistel 1978). Der Antwort liegt nicht die Einsicht zugrunde, dass das letzte zugeordnete Zahlwort die Information über die Mächtigkeit der Menge enthält und zugleich die gesamte Menge aller Objekte umfasst. Rein mechanisch wurde gelernt, dass man richtig antwortet, wenn man das letzte Zahlwort wiederholt (Fuson / Hall 1983).

Zwei Aspekte determinieren die Einsicht in die Kardinalität: das Eineindeutigkeitsprinzip der *1-zu-1-Zuordnung* und das *order-irrelevance-*

principle. Das Eineindeutigkeitsprinzip besagt, dass zwei Mengen anzahlgleich sind, wenn eine 1-zu-1-Zuordnung zwischen ihnen möglich ist. Diese 1-zu-1-Zuordnung kann beim konkreten Vergleich zweier Mengen dadurch vorgenommen werden, dass jeweils einem Objekt der einen Menge genau ein Objekt der anderen Menge zugeordnet wird und kein Element übrig bleibt. Auf der Zahlwortebene wird jeweils einem Zahlwort ein Objekt zugeordnet.

Zum Erwerb der Kardinalität gehört außerdem das „order-irrelevance principle“: Gelman und Gallistel (1978) forderten Kinder auf, dasselbe Set von Objekten mehrfach zu zählen, wobei der Startpunkt des Zählvorgangs jeweils verschoben wurde. Zweidrittel der Fünfjährigen und die Hälfte der Vierjährigen waren dazu bei aufeinander folgenden Versuchen in der Lage. Sie kamen immer zum selben Ergebnis, obwohl den einzelnen Elementen bei jedem Durchgang ein anderes Zahlwort zugeordnet wurde.

Kernaussage

Das Konzept der Kardinalität ist dann erworben, wenn auf die Frage: „Wie viele?“ das Zahlwort bewusst auf die Anzahl der Objekte bezogen wird.

Dass Kinder darüber hinaus Ordinal- und Kardinalzahl integrieren können, zeigt sich darin, dass Zählzahl und Kardinalzahl wechselseitig aufeinander bezogen werden können: Zählend wird z. B. die Kardinalzahl 5 ermittelt *(count-to-cardinal-transition)*, indem die 5 auf dem Tisch liegenden Bonbons ausgezählt werden. Es kann aber auch eine Kardinalzahl vorgegeben werden mit dem Auftrag, die entsprechende Anzahl Objekte aus einer Menge heraus abzuzählen („gib mir fünf Bonbons aus der Tüte“). In dem Fall wird die Kardinalzahl wieder in Zählhandlungen umgesetzt *(cardinal-to-count-transition)*. Dies setzt insgesamt das Verstehen voraus, dass eine Menge einer bestimmten Mächtigkeit aus einzelnen Elementen besteht, aus denen die Menge zusammengesetzt ist und in die sie wieder zerlegt werden kann. Nach Gerster und Schultz (2000) ist das aufkommende Verständnis, dass einzelne Elemente zu einer Einheit (Kardinalzahl) zusammengefasst werden können – der „Übergang von sieben Einheiten zu einer neuen Einheit von Einheiten, dem Siebener […]“ – ein Schüsselereignis auf dem Weg zum Anzahlverständnis.

Damit schließt die Entwicklung der Kardinalität erste Einsichten in die Beziehung zwischen Mengen ein. Kinder, die dieses Niveau erreichen, ändern ihre bisherige Zählstrategie des count-all in die Strategie des *count-on*, d.h., sie zählen vom ersten Summanden aus weiter: 4 + 3 ist gleich fünf, sechs, sieben (Fuson 1988). Im Ansatz haben sie auch verstanden, dass der erste Summand Teil der Summe ist.

Rechenschwache Kinder scheitern bereits zunächst in der Entwicklung dieser Einsicht. Dafür sprechen die folgenden Beobachtungen: Fragt man nach dem Auszählen einer Menge: „Wie viele sind es?", dann verstehen sie die Frage nicht oder „retten" sich, in dem sie wie jüngere Kinder Mengen neu auszählen. Einige beziehen das letzte Zahlwort wie einen Namen nur auf dieses Objekt. Sie zeigen auf das fünfte Objekt Auto und sagen: „Das ist Fünf." Werden sie bei der Aufgabe „Gib mir 5 Bonbons" aufgefordert, ihr Ergebnis durch erneutes Zählen zu überprüfen – „Wie kannst Du sicher sein, dass das 5 Bonbons sind?" –, dann legen die Kinder nun eine abweichende Anzahl (z.B. 4) vor, zählen dazu aber der Anzahl entsprechend: eins – zwei – drei – fünf (Wynn 1990).

Die wenigen Beispiele konnten zeigen, wie komplex das Verstehen der Kardinalität ist und wie genau die Entwicklung hier zu betrachten ist.

Kernaussage

Einige rechenschwache Kinder verwenden zwar durchaus die last-word-rule oder zählen von einem Summanden aus weiter, aber sie verstehen nur im Ansatz, dass eine Menge aus einzelnen Elementen zusammengesetzt ist. Damit haben sie ohne eine spezifische Förderung kaum eine Chance, ihr Wissen über Beziehungen zwischen Mengen weiter zu differenzieren.

Nadelöhr: Teil-Teil-Ganzes (Niveaustufe IV)

Ein nächster Entwicklungsschritt besteht in der Einsicht, dass Mengen auf unterschiedliche Weise zerlegt werden können, ohne dass sich an der Mächtigkeit der Gesamtmenge etwas ändert. Wiederum Gerster und Schultz (2000) folgend stellt das Verstehen der Zusammensetzung und Zerlegung von Mengen ein weiteres Schlüsselkonzept dar: Mengen sind gliederbare Quantitäten. Mengen können verschieden gegliedert, das heißt, in unterschiedliche Teilmengen zerlegt werden.

Durch die Ausnutzung verschiedener Zerlegungen, d.h. verschieden großer Portionen, können Aufgaben schnell und sicher bewältigt werden. Bei der Aufgabe 8 + 5 = ? kann die 5 in die Teilmengen 2 und 3 zerlegt werden (8 + 2 + 3 = 13) oder die 8 in 5 und 3 (5 + 5 + 3 = 13). Wichtig ist dabei, dass es hier nicht um die hintereinander zu bewältigenden und zu koordinierenden Rechenschritte geht – erst 2 dazu, dann noch 3 dazu –, sondern darum, dass *effektive* Portionen gesucht werden können – 8 ist 5 und 3, 5 und 5 sind 10, + 3, ganz einfach dann 13 – (Gerster 2003).

Insofern stellt das Erkennen verschiedener Zerlegungen die Voraussetzung für das Finden und Verstehen effektiver Rechenstrategien und die Automatisierung der Basisfakten dar, was mehr ist als die bloße Verknüpfung von Zahlen auf verbaler Ebene, die auswendig gewusst werden (Gerster / Schultz 2000).

Das Verstehen der Beziehung zwischen Teil-Teil- und Gesamtmenge schließt auch ein, dass die Kinder Auswirkungen der Verschiebungen von Elementen zwischen zwei Teilmengen *(Kompensation, 2 + 4 = 6, 3 + 3 = 6)* und die Veränderung einer Teilmenge *(Kovarianz, 2 + 4 = 6, 3 + 4 = 7)* auf die Gesamtmenge erkennen. Irwin (1996) konnte zeigen, dass 72 % der Vierjährigen, 81 % der Fünfjährigen und 92 % der Sechsjährigen beide Effekte erkennen, auch wenn die Mengen vorher nicht explizit gezählt wurden.

Andererseits entwickeln sich auch die Zählstrategien durch Einsichten in Teilmengenverhältnisse weiter. So zählen Kinder, die diesen Schritt bewältigt haben, nicht nur vom ersten Summanden an weiter, sondern vom jeweils größeren *(Min-Strategie)*. Beide Summanden, die je Teilmengen repräsentieren, können also unabhängig von ihrer Reihenfolge addiert werden. Auch die Bearbeitung von Subtraktionsaufgaben wird flexibilisiert. Im Alter von etwa 9 Jahren wenden Kinder in Abhängigkeit von der Größe der beteiligten Zahlen zwei unterschiedliche Verfahren an: Aufgaben der Form 9 – 2 = ? werden durch Rückwärtszählen gelöst „9 – 8 – 7". Dagegen wird bei Aufgaben der Form 9 – 7 = ? die Strategie des Ergänzens gewählt: von der 7 aus wird vorwärtsgezählt bis zur 9. Durch dieses dem Zahlenraum angemessene Vorgehen wird eine Subtraktionsaufgabe in eine Additionsaufgabe umgewandelt, bei der der zweite Summand unbekannt ist. Dieses Vorgehen zeigt, dass Addition und Subtraktion bereits als komplementäre Prozesse verstanden werden und spiegelt ein tiefes Verständnis von Mathematik wider.

Kernaussage

Rechenschwache Kinder entwickeln Vorstellungen von Mengen als gliederbare Quantitäten nur, wenn sie dabei unterstützt werden.

Kinder mit Rechenschwierigkeiten können Beziehungen zwischen Aufgaben – insbesondere zwischen Additions- und Subtraktionsaufgaben: 2 + 3 = 5, 3 + 2 = 5, 5 – 2 = 3, 5 – 3 = 2 – nicht „von selbst" erkennen; Zerlegungen erfolgen mechanisch als Abarbeitung einer Schrittfolge, was kognitiv aufwendig ist und Einsichten in Beziehungen zwischen Mengen versperrt (Gerster 2003).

Weißhaupt et al. (2006) zeigen anhand einer Längsschnittstudie, dass später rechenschwache Kinder bereits im Vorschulalter durch schwache Leistungen in den folgenden Aufgaben auffielen: Bestimmen der Mengen bei Veränderung der Anordnung (Kardinalzahl), Bestimmen von Gesamtmengen aus Teilmengen oder Teilmengen von Gesamtmengen (mit Variationen in der Aufgabenstellung dahingehend, ob Mengen sichtbar und nicht sichtbar waren). Dagegen hatten alle Kinder, die diese Aufgabe im Vorschulalter bewältigten, im ersten Schuljahr keine Schwierigkeiten in Mathematik.

Kernaussage

Der Erwerb eines Teil-Teil-Ganze-Konzeptes stellt einen weiteren Meilenstein dar und ist zugleich auch die Basis für das Modellieren.

Nadelöhr: Modellierung von Additionsaufgaben und Subtraktionsaufgaben (Niveaustufe V)

Zur mathematischen Grundbildung gehören nicht nur das Beherrschen von Rechenroutinen und der Abruf von Faktenwissen. Ganz wichtig sind auch mathematische Kompetenzen wie das *Mathematisieren und Modellieren von Sachaufgaben.* „Textaufgaben" werden von den meisten Schülern gefürchtet und im Vergleich zu Ziffernaufgaben schlechter bewältigt. Schüler mit Schwierigkeiten beim Rechnenlernen weisen hier oft ihre größten Probleme auf.

Warum erweisen sich Sachaufgaben als so schwierig? Am Beispiel von Sachaufgaben zur Addition und Subtraktion soll über die Anforderung zur Modellierung von Aufgaben nachgedacht werden.

Im Vergleich zu numerisch präsentierten Aufgaben, bei denen die durchzuführende Rechenoperation durch das Operationszeichen angegeben wird, ist das Verstehen und Lösen von Sachaufgaben ein mehrstufiger Konstruktionsprozess. Folgende Schritte sind zu durchlaufen, bevor die Sachaufgabe als Ziffernaufgabe aufgeschrieben werden kann:

- Entschlüsseln der sprachlichen Oberflächenstruktur, d.h., Verstehen des Textes auf sprachlicher Ebene
- Bildung einer Situationsvorstellung über die in der Aufgabe beschriebenen Handlungen und Prozesse
- Reduzierung des Situationsmodells auf quantitative Größen

Probleme bei der Bearbeitung von Sachaufgaben können auf unterschiedlichen Ebenen auftreten: auf der Ebene des Textverständnisses, des Situationsverständnisses, der Mathematisierung, schließlich auch beim Rechnen selbst oder bei der Antwort, die wiederum den Sachkontext berücksichtigen muss.

Probleme auf der Ebene des Textverstehens betreffen in der Regel die Kinder, die auch in anderen Unterrichtsfächern durch ihre Sprachschwierigkeiten auffallen. Kinder mit Rechenschwierigkeiten haben weniger Probleme, den eigentlichen Text zu verstehen. Ihre Schwierigkeiten setzen da an, wo es darum geht, den Text mathematisch zu modellieren. Dazu bedarf es zunächst eines angemessenen Situationsverständnisses, das dann in ein mathematisches Modell überführt werden kann.

Der häufigste Aufgabentyp bei Sachaufgaben zur Addition und Subtraktion sieht folgendermaßen aus:

Sachaufgabe: 3 Kinder sind auf der Rutsche und 5 Kinder auf dem Klettergerüst. Wie viele Kinder sind insgesamt auf dem Spielplatz?

Aufgaben dieses Typs werden von Vorschulkindern ebenso wie von Kindern mit Rechenschwierigkeiten problemlos gelöst. Fehler treten eventuell auf der Ebene des Rechnens auf, wenn sich das Kind „verzählt“. Ihre Bearbeitung setzt nicht mehr voraus als die auf Stufe II beschriebenen Kompetenzen: die Kenntnis der Zahlwortreihe und ein intuitives Verständnis, dass etwas mehr wird, wenn etwas hinzukommt und etwas weniger wird, wenn etwas weggeht (Schema des Vermehrens / Verminderns).

Ganz anders ist es bei Aufgaben folgender Art:

Sachaufgabe: Einige Kinder sind auf dem Spielplatz. 5 Kinder müssen nach Hause. Nun sind noch 3 dort. Wie viele waren es zu Beginn?

Hier wird das Verständnis vorausgesetzt, dass Additions- und Subtraktionshandlungen der Handlungssequenz folgen: Ausgangszustand – Veränderung – Endzustand.

Bei der *Addition* liegt eine Ausgangsmenge vor – es kommt eine Menge hinzu – und eine neue Menge entsteht. Dabei geht es jeweils um drei Mengen: Teilmenge – Teilmenge – Gesamtmenge, wobei die beiden Teilmengen gemeinsam die Summe bilden oder, anders ausgedrückt, „äquivalent zur Summe sind“ (Fuson 1992a, 1992b). Diese drei Mengen stehen in einer festen Beziehung zueinander, sodass bei Kenntnis von zwei Mengen stets auf die dritte Menge geschlossen werden kann, egal ob es sich um die Summe, eine Teilmenge oder die Ausgangsmenge handelt.

Bei der *Subtraktion* liegt ebenfalls eine Ausgangsmenge vor – eine Teilmenge der Ausgangsmenge geht – eine neue Menge entsteht. Hier ist zu begreifen, dass die Ausgangsmenge (Gesamtmenge) zerlegt wird in die eine Teilmenge, die geht, und die zweite Teilmenge, die übrig bleibt (Ergebnis). Kommt die eine Teilmenge jedoch zurück, ist das Ganze wieder hergestellt.

Haben Kinder die Addition und Subtraktion in diesem Sinne als Beziehung zwischen drei Mengen verstanden, sind sie in der Lage, die in der Sachaufgabe geschilderte Situation auf drei Mengen zu beziehen und diese Beziehung zu mathematisieren, unabhängig davon, nach welcher Menge gefragt wird.

Kernaussage

Viele Kinder mit Rechenschwierigkeiten interpretieren Additions- und Subtraktionsaufgaben nicht im Sinne der Beziehung zwischen drei Mengen (Teil-Teil-Ganzes), sondern als starre Anweisung, von einer Zahl (Menge) aus weiter zu zählen. Mit diesem eingeschränkten Konzept können aber die oben genannten Aufgaben nicht mathematisch modelliert werden.

Nadelöhr: Stellenwertverständnis

Folgt man den Symptombeschreibungen in der Literatur, dann stellt das Stellenwertsystem oder besser das Verstehen des Stellenwertsystems einen weiteren Bereich dar, in dem rechenschwache Kinder scheitern.

Im Modell von Reiss wird das Stellenwertsystem einer eigenen Niveaustufe zugeordnet. In unserem Modell erfolgt dies nicht, da das Modell nach oben (Entwicklungen im Grundschulalter) noch nicht ausdifferenziert ist. Eine erste Einordnung lässt sich jedoch dann vornehmen, wenn die dem Stellenwertsystem entsprechende Bündelung von Einheiten (hier immer auf der Basis von 10) im Sinne des Teil-Teil-Ganze-Konzeptes als Zusammenfassung von Mengen zu je 10 Elementen betrachtet wird.

Ganz grundlegend für den Aufbau effektiver Rechenstrategien, für das Verständnis der Größe von Zahlen sowie für die Durchführung halbschriftlicher und schriftlicher Rechenverfahren ist der sichere Umgang mit dem Stellenwertsystem. Hier wird den Schülern oft eine größere Kenntnis zugeschrieben, als tatsächlich vorhanden ist (Ross 1989). Denn im Hunderterzahlenraum rechnen zu können, bedeutet noch nicht, über ein konzeptuelles Verständnis des Stellenwertsystems zu verfügen. Dieses setzt nämlich voraus, dass aufbauend auf dem Konzept der Zerlegbarkeit von Mengen (Teil-Teil-Ganze-Konzept) das spezifische Prinzip der Bündelung und Entbündelung mit der „Bündelungseinheit" 10 verstanden worden ist.

Der Umgang mit zwei- (und auch mehr-)stelligen Zahlen ist den Kindern bereits möglich, wenn sie auf einer mechanischen Ebene die Bildung der „Zehner" (drei-zig, vier-zig. fünf-zig etc.) gelernt haben, ohne die Beziehung zwischen Einern und Zehnern und das Bündelungsprinzip zu verstehen. Dieses zeigt sich z. B. darin, dass die Aufgabe 50 + 4 als äquivalent zur Aufgabe 60 – 6 verstanden wird. Auf einer mechanischen Ebene sind Kinder in der Lage, die Aufgabe 42 + 16 zu rechnen, indem sie die Zehner und die Einer addieren. Möglicherweise gelingt es auch, die Aufgabe 46 + 18 nicht nur durch bloßes Weiterzählen zu rechnen, sondern durch ein Zerlegen in folgende Teilmengen: 40 + 10 = 50, 6 + 8 = 14; 50 + 14 = 64.

Schwieriger ist es für die Kinder allerdings, die entsprechende Subtraktionsaufgabe zu rechnen: 64 – 18, da hier das Prinzip der Entbündelung eines Zehners Anwendung finden muss. Erschwert wird das Begreifen des Stellenwertsystems durch die Versprachlichung der Ziffernschreibweise, bei der die Einer zuerst und dann erst die Zehner genannt werden (vierundsechzig). Entgegen dieser Sprechweise sollen die Kinder jedoch lernen, entsprechend der Wertigkeit der Zahlen zuerst die Zehner und dann die Einer aufzuschreiben.

Ein mangelndes Verständnis des Stellenwertsystems erwies sich in einer Untersuchung mit 1300 Fünft- und Sechstklässlern (Humbach / Fritz 2007) als ein zentrales Problem der Schüler. Das Verständnis des Stellenwertsystems wurde dabei an größeren Zahlen überprüft. Für die Aufgabe: Wie heißen die nächsten vier Zahlen (90050, 90040, 90030)? ergaben sich folgende Lösungshäufigkeiten für Kinder verschiedener Schularten (Tabelle 3).

Tabelle 3: Lösungshäufigkeiten von Fünftklässlern verschiedener Bildungsgänge bei einer Stellenwertaufgabe

	Lösungshäufigkeit in %				
	HS	GS	RS	Gym	Alle
90020	77,3	86,2	89,2	87,57	85,4
90010	72,0	83,6	86,5	85,31	82,4
90000	66,7	78,0	84,5	84,75	79,0
89990	21,2	45,6	38,8	51,41	40,6

Es zeigt sich, dass den Schülern aller Bildungsgänge die Aufgabe 90000 – 10, die ein Entbündeln des letzten Hunderters verlangt, schwer fällt. Folgende Lösungen wurden am häufigsten angeboten: 89999, 89090, 80999, 80990, 80090.

Mit der Einführung der schriftlichen Rechenverfahren werden Stellenwertprobleme der Kinder „übertüncht". Kategorisierungen von Fehlern, die bei rechenschwachen Kindern gut zu beobachten sind, weisen diese als „Probleme mit dem Übertrag", „Probleme mit der Null" oder als „Problem mit der Rechenrichtung" aus.

a)	103	b)	87	c)	475	d)	202
	– 91		– 69		+ 434		– 103
	112		22		8108		109

Im Beispiel a) führt das Kind zunächst die Subtraktion korrekt durch, weiß dann aber nicht, dass die 1 in 103 schon „aufgebraucht" ist und fügt sie in die Lösungszeile wieder ein. Damit entsteht ein Ergebnis, das größer als die Ausgangsmenge ist.

Im Beispiel b) wird mechanisch die jeweils kleinere Zahl von der größeren subtrahiert ohne Verständnis davon, welche Zahl die Ausgangsmenge und welche die abzuziehende Teilmenge repräsentiert.

Das dritte Beispiel zeigt wieder ein „Problem mit dem Übertrag". Mit der Addition der beiden mittleren Zahlen (7 + 3) weiß das Kind nicht umzugehen; es hat nicht verstanden, dass die Bündelung von 10 „Einern" für *eine* Einheit in der nächsthöheren Ziffernposition steht. Daher schreibt es das errechnete Ergebnis: 10 in die Lösungsspalte, ohne zu bemerken, dass damit die Gesamtsumme viel zu „groß" wird.

Das letzte Beispiel steht ebenfalls für ein „Problem mit dem Übertrag“. Hier zieht das Kind offensichtlich die letzte Ziffer 3 von 12 ab, „vergisst“ aber die nächste Ziffer zu entbündeln oder folgt einer selbst aufgestellten Regel aus der Multiplikation: 0 bleibt 0.

Die Beispiele verdeutlichen, dass sich hinter all den aufgeführten Fehlern Probleme im Verständnis mit dem Stellenwertsystem verbergen. Die Anwendung schriftlicher Rechenverfahren verstellt letztlich den Blick für die Zusammenhänge zwischen den Ziffern in den einzelnen Positionen und stellt somit keine Hilfe für das Erkennen der Beziehungen zwischen Mengen dar.

Diese Beziehungen werden den Kindern erst klar, wenn sie Rechenoperationen halbschriftlich ausführen und dabei auch Prinzipien des Überschlagens und Auf- oder Abrundens mit einbeziehen.

Für die oben angegebenen Beispiele bedeutet das in folgender Weise zu rechnen:

- **Aufgabe a:** 103 – 91 = (100 + 3) – (90 + 1) = (100 – 90) + (3 – 1) = 10 + 2 = 12
- **Aufgabe c:** 475 + 434; ein Überschlag über das zu erwartende Ergebnis ohne genau zu rechnen ergibt (400 + 400) + (70 + 30) = 900. Das Ergebnis müsste bei 900 liegen.
- **Aufgabe d:** 202 – 103 = (200 – 100) + (2 – 3) = (190 – 100) + (12 – 3) = 90 + 9 = 99

Solcherart Schritt um Schritt durchgeführte halbschriftliche Berechnungen helfen den Kindern, den Rechenprozess nachzuvollziehen und diesen nicht – wie bei der Durchführung schriftlicher Rechenverfahren – einfach als Anwendung nicht verstandener Regeln anzusehen.

Damit sind einige der wesentlichen Meilensteine für die Entwicklung mathematischer Kompetenzen dargestellt. Deutlich wurde dabei: Es gibt nicht nur ein Nadelöhr. Die Entwicklung erfordert immer wieder, neue Konzepte zu integrieren, um die steigenden Anforderungen zu bewältigen.

Kernaussage

Die Frage, ob dadurch, dass frühe Konzepte – z. B. das Kardinalzahlverständnis – bei rechenschwachen Kindern „nachgeholt“ werden, die Basis für die weitere Entwicklung „gesichert“ und das Risiko der weiteren Störungsentwicklung minimiert ist, kann derzeit nicht beantwortet werden. Deshalb sollte vorerst die Entwicklung der Kinder „entlang“ der Meilensteine sorgfältig beobachtet werden.

Diagnostische Erfassung von Rechenschwierigkeiten – Konzepte und Verfahren aus unterschiedlichen theoretischen Perspektiven

4

Im folgenden Kapitel soll ein Überblick über verschiedene diagnostische Ansätze sowie deren Möglichkeiten und Grenzen gegeben werden. Für die Systematisierung können verschiedene Kriterien genutzt werden. Wir unterscheiden zuerst danach, ob die Aussagen für einzelne Kinder oder Kindergruppen getroffen werden sollen.

In den vorangehenden Kapiteln wurde die These begründet, dass Rechenschwierigkeiten als Auffälligkeiten bzw. Störungen in der Entwicklung früher mathematischer Konzepte und Kompetenzen zu interpretierbar sind. Folglich sind Verfahren von Interesse, mit denen frühe mathematische Kompetenzen untersucht und Kinder mit einem Risiko für die Entwicklung von Rechenstörungen erkannt werden können.

Diagnostische Zugänge

In den letzten Jahren wurde eine Reihe von Aufgaben erprobt, mit denen mathematische Kompetenzen im Vorschul- und Grundschulalter abgebildet werden können und auf deren Basis Tests und Beobachtungsverfahren zur Erfassung individueller Entwicklungsstände erarbeitet wurden (van Luit et al. 2001, van Nieuwenhoven et al. 2001, von Aster et al. 2006, Weißhaupt et al. 2006, Prengel et al. 2007). Beispiele für diese Verfahren, ihre Aussagemöglichkeiten und Grenzen werden im Abschnitt „Diagnostische Konzepte" vorgestellt.

Neben diesen „klassischen" Verfahren wurden Aufgaben für die Evaluation von Unterricht entwickelt. Diese repräsentieren Anforderungen der Bildungsstandards für die jeweiligen Klassenstufen. Die Aufgaben werden flächendeckend oder durch Stichproben von Kindern bearbeitet. Ausgewertet werden die Ergebnisse gruppenbezogen. Als Ergebnis entstehen so auf unterschiedlichen Ebenen (Regionen, Schulen, Klassen, Mädchen, Jungen) Gesamtbilder der aktuellen Kompetenzentwicklung der Kinder in Bezug auf die vorgegebenen Bildungsstandards (Helmke / Hosenfeld 2004).

Der theoretische Hintergrund dieser Studien (TIMMS, PISA, IGLU, VERA) macht diesen Zugang für die Diagnostik individueller Leistungen interessant. Ausgehend von der Annahme, dass Fähigkeiten aufeinander aufbauen, lässt sich die Entwicklung der Leistungsfähigkeit auf Kompetenzstufen abbilden. Kompetenzen werden als **kontextspezifische kognitive Leistungsdispositionen** verstanden, die die Bewältigung von Situationen und Anforderungen in bestimmten Bereichen bzw. Domänen (z. B. Mathematik) ermöglichen (Klieme / Leutner 2006). Es wird angenommen, dass einzelne Fähigkeiten (z. B. mathematische) jeweils ein Kontinuum bilden, auf dem sich Stufen oder Niveaus unterscheiden lassen, die jeweils durch „kognitive Prozesse und Handlungen von bestimmter Qualität“ (Klieme et al. 2003, 15) zu spezifizieren sind. Entsprechend sind für die Diagnostik der Kompetenzstufen Aufgaben abzuleiten, welche die je spezifische Fähigkeitsstruktur der jeweiligen Stufe repräsentieren. Inhaltlich gesehen geht es darum, Fragen der folgenden Art zu beantworten: Was ist das Gemeinsame dieser Anforderungen? Wie sind die dafür erforderlichen Kompetenzen zu beschreiben? Wie sind sie in Beziehung zu setzen?

Die Modellierung von Stufen oder Niveaus führt zu einer Bewertung des Entwicklungsstandes, die von der Verteilung der Leistungen in Vergleichstichproben relativ unabhängig ist. Die Bewertung des Punktwertes eines Kindes als auffällig oder unauffällig hängt nicht davon ab, welche Punktzahlen mit welchen Häufigkeiten von der Vergleichsgruppe erreicht wurden, also welchen „Platz“ das Kind in der Gruppe einnimmt. Vielmehr wird nun der „Platz“ des Kindes in einer Hierarchie von Anforderungen bestimmt. Aus den individuell gelösten Aufgaben wird auf das Niveau geschlossen, das das Kind mit einer gewissen Sicherheit beherrscht. Verbesserungen in den Leistungen werden dann als qualitative Veränderungen in der individuellen Entwicklung sichtbar.

Kompetenzmodelle werden methodisch so entwickelt, dass unterschiedlich schwere Aufgaben aus einem bestimmten Anforderungsbereich (z. B. Arithmetik) ausgewählt werden. Es wird dann geprüft, ob die Aufgaben eine gemeinsame Skala bilden; mit anderen Worten, ob sie ein und dieselbe Fertigkeit erfassen. Somit entsteht eine Reihe von Aufgaben, die sich mit den Fähigkeiten von Personen in Verbindung bringen lässt. Aus der Wahrscheinlichkeit mit der Aufgaben gelöst werden, wird auf die zugrunde liegenden Fähigkeiten geschlossen. Sind Fähigkeiten besser entwickelt, als es der Schwierigkeitsgrad verlangt, werden die Aufgaben mit hoher Wahrscheinlichkeit richtig gelöst, im umgekehrten Fall nicht. Die Skala wird üblicherweise in Abschnitte unterteilt, die den Niveaustufen entsprechen.

Ein Beispiel für diese Verfahren sind die Vergleichsarbeiten für die Grundschule (VERA, Helmke / Hosenfeld 2003). Die Aufgaben wurden entsprechend der Bildungsziele am Ende der vierten Klasse für die Bereiche Arithmetik, Geometrie, Sachrechnen / Größen ausgewählt. Unterschieden werden immer drei Niveaustufen (Beispiel Arithmetik): Stufe 1 – elementare bzw. grundlegende Fähigkeiten (grundlegende Kenntnis arithmetischer Verfahren), Stufe 2 – erweiterte Fähigkeiten (umfassende Kenntnis von Addition und Subtraktion), Stufe 3 – fortgeschrittene Fähigkeiten (flexible Beherrschung der Grundrechenarten). In den Klassenauswertungen sind auch die Niveaustufenzuordnungen für einzelne Schüler zu erkennen. Ob diese Zuordnungen bereits ausreichend differenziert sind, um damit wirksame Förderprogramme für rechenschwache Kinder zu entwickeln, ist bisher unbekannt.

Wie diese kurze Darstellung vermuten lässt, ist eine Reihe von Fragen zur Kompetenzstufenbildung noch offen, z.B. die nach der theoretischen Modellierung der Niveaustufen. Helmke / Hosenfeld veranschlagten 2004 einen interdisziplinären Forschungsbedarf von mindestens fünf Jahren, um akzeptierte und empirisch validierte Kompetenzmodelle zu erarbeiten.

Deutlich geworden ist auf alle Fälle, dass die Annahme und Prüfung von Kompetenzstufen kompatibel zu den in Kapitel 2 dargestellten Entwicklungsannahmen mathematischer Kompetenzen ist.

Bevor wir nun Beispiele für diagnostische Verfahren vorstellen, die für die individuelle Untersuchung von Kindern konzipiert wurden, werden einige wichtige Überlegungen hinsichtlich der Planung diagnostischer Prozesse dargestellt.

Überlegungen zum diagnostischen Prozess

Diagnostische Arbeit ist ihrem Wesen nach eine systematische Erarbeitung von Erkenntnissen, die von spezifischen Fragen her zu planen ist und deren Ziel in der Rekonstruktion individueller Entwicklungsstände bzw. Entwicklungsverläufe besteht. Die Diagnostik, insbesondere die pädagogisch-psychologische, dient dazu, Entscheidungen vorzubereiten, die darauf ausgerichtet sind, Bedingungen für Lern- und Erziehungsprozesse zu gestalten (Ingenkamp / Lissmann 2005, Leutner 2006). Das geschieht dadurch, dass (1) der aktuelle Entwicklungsstand eines Kindes sowie Bedingungen für Lehr-Lern-Prozesse ermittelt, (2) Lernprozesse und Ergebnisse beobachtet und (3) diese vor dem Hintergrund der bisherigen Problementwicklung reflektiert werden. Somit gewinnt man Hypothesen über Zusammenhänge zwischen Bedingungen und Möglichkeiten ihrer Veränderung (Schuck 2000).

Diese Hypothesen beziehen sich aber zunächst nur darauf, ob ein Handlungsbedarf sichtbar wird oder nicht. Einzelne Bereiche, die nicht altersgemäß entwickelt sind, werden so erkannt. Wie darauf zu reagieren ist und welche Konsequenzen erforderlich sind, kann und darf aus den diagnostischen Daten allein nicht abgeleitet werden.

Diese gestatten bestenfalls die Beantwortung der Frage, *was* zu fördern ist. *Wie* dies zu erfolgen hat, bleibt jedoch offen. Wie und wofür man sich in der Förderung entscheidet, welche Ziele, Wege, Methoden und Bedingungen für die individuelle Entwicklung als bedeutsam und wertvoll angesehen werden, hängt von der Perspektive des Kindes und von erziehungswissenschaftlichen und bildungstheoretischen Vorstellungen sowie den Kenntnissen über Theorien zur Entwicklung von Schwierigkeiten und zu Interventionen aufseiten derjenigen ab, die Kinder in ihrer Entwicklung anregen wollen (Schuck 2000).

Kernaussage

Im Einzelnen erfordert diagnostische Arbeit Kenntnisse über Methoden zur Objektivierung der individuellen Problemlagen, der Bedingungszusammenhänge und Änderungsmöglichkeiten sowie Kenntnisse über Bezugssysteme zur Beurteilung von erreichten Entwicklungs- und Leistungsniveaus (Jäger 2004).

In jedem diagnostischen Prozess stehen spezifische Fragen im Mittelpunkt. Die Reduktion auf einzelne Fragen ist erforderlich, da die Komplexität der psychischen Leistungen nur näherungsweise untersucht werden kann. Kretschmann (2003) unterscheidet vier Fragen, die jeweils andere Aspekte im diagnostischen Prozess betreffen:

1. Liegt eine Beeinträchtigung in der Entwicklung vor, und, wenn ja, welche Bedingungen sind daran beteiligt?
2. In welchen Bereichen zeigen sich die Schwierigkeiten?

3. Wie verändern sich die Kompetenzen des Kindes unter den Bedingungen einer Förderung?
4. Welche Entwicklungsfortschritte sind als Ergebnis des Förderprozesses insgesamt festzustellen?

Alle vier Fragen bilden ein Raster für einen *zyklischen, mehrschrittigen diagnostischen Prozess*, in dem die Schwierigkeiten der Kinder immer genauer herausgearbeitet und Modifikationen von Bedingungen in ihrer Auswirkung auf Entwicklung untersucht werden. Im Einzelnen erfordert eine Beantwortung der Fragen die folgenden Schritte:

1. Liegt eine Beeinträchtigung in der Entwicklung vor? In dieser Phase wird der Entwicklungsstand eines Kindes bestimmt und aufgrund seiner „Ausprägung“ als unauffällig oder auffällig beurteilt. Anfangsvermutungen von Lehrern oder Eltern sind auf diese Weise zu objektivieren.

Welche Kriterien für die Klassifikation verwendet werden, hängt von den Konsequenzen ab. Sollen Finanzierungen erfolgen oder personelle Ressourcen bereitgestellt werden, fordert man die Einhaltung strenger Kriterien. Das entspricht im Wesentlichen dem Vorschlag von Jacobs und Petermann (2007). Sie folgen der ICD-10-Definition (Kapitel 1) und grenzen Rechenstörungen von anderen Problembereichen ab. Die Intelligenz, die Lese- und Rechtschreibfähigkeit sowie die mathematischen Kompetenzen werden testdiagnostisch geprüft und Auffälligkeiten in der sozial-emotionalen Entwicklung erfragt. Nur dann, wenn die Leistungen eines Kindes im Rechentest weit unterdurchschnittlich sind und in allen anderen Bereichen im Durchschnitt liegen, wird eine Rechenstörung diagnostiziert. Die quantitative Ausprägung der Entwicklung wird durch Daten zur bisherigen Entwicklung ergänzt. Verwendet man die Kriterien so, wird der Förderbedarf von Kindern übersehen, die das „Diskrepanzkriterium“ nicht erfüllen (Kapitel 1).

Unter weniger restriktiven Bedingungen sollten auch Kinder, die in einem Rechentest eine Prozentrangwert von ≤ 25 erreichen und damit zum Viertel der schwächsten Kinder gehören, herausgefunden und in die Förderung einbezogen werden.

Um ein Förderkonzept zu entwickeln, reicht die Information über die „Größe“ der Störung nicht aus. Dafür muss sich ein nächster Schritt anschließen, in dem der Entwicklungsstand des Kindes vor allem qualitativ analysiert wird.

2. In welchen Bereichen zeigen sich die Schwierigkeiten? Um dies herauszufinden, sind verschiedene Aufgaben auszuwählen, die nach bestimmten Merkmalen in ihren Schwierigkeiten variieren. Vorgeschlagen werden z. B. Additionsaufgaben mit oder ohne Zehnerübergang, mit großem oder kleinem ersten Summanden oder Variationen hinsichtlich der Präsentation der Aufgabe (reale Objekte, Abbildungen, abstrakte Figuren oder Ziffern). Dabei ist zu prüfen, ob sich Fehler bei bestimmten Aufgabenmerkmalen häufen (Fritz 2003).

Des Weiteren sind die Vorgehensweisen der Kinder von Interesse. Zu beobachten ist, ob falsche Lösungen eine Systematik enthalten, etwa dass das Ergebnis von Additionsaufgaben immer um eins größer ist (Ricken / Fritz 2007), oder ob hauptsächlich eine Strategie (z. B. Auszählen immer von eins an) verwendet wird.

Beide Aspekte sind auch gut kombinierbar. Vergleicht man z. B. die Lösungszeit für die Aufgaben 11 + 4 bzw. 4 + 11, weist eine Differenz auf eine Zählstrategie hin. Schipper (2005) vergleicht z. B., ob Kinder Beziehungen zwischen den Aufgaben 8 + ? = 10 und 2 + ? = 10 erkennen oder ob beide Aufgaben unabhängig voneinander gelöst werden. Eine deutlich längere Zeit bei der Lösung der zweiten Aufgabe wäre auch hier ein Hinweis auf eine Zählstrategie.

Im Abschnitt „Diagnostische Konzepte“ (siehe unten) stellen wir Verfahrensansätze vor, die zu einer differenzierten Sicht auf mathematische Kompetenzen beitragen. Mit Blick auf die Förderung ist es für uns dabei unablässig, hinter die Aufgaben zu schauen und damit nicht nur das Bewältigen oder Nichtbewältigen zu inventarisieren. Vielmehr muss es darum gehen, eine Vorstellung über die Konzepte zu entwickeln, die die Kinder ausgebildet haben und aufgrund derer sie die Aufgabe interpretieren und lösen.

Mathematische Fähigkeiten realisieren sich in der Bearbeitung von Aufgaben immer nur im Zusammenwirken mit weiteren psychischen Prozessen. So erfordert eine effektive Handlungsorganisation und -regulation selbstverständlich die Beteiligung von Aufmerksamkeit und Motivation. Die Aufgaben müssen sprachlich verstanden werden. Informationen müssen aufgenommen und behalten werden bis der Lösungsprozess abgeschlossen ist. Wissen muss im Langzeitgedächtnis aktiviert werden. Und das Kind muss sich die Aufgabenbearbeitung zutrauen. Alles zusammen findet in sozialen Kontexten statt und wird durch die Qualität des Klassenklimas, der Schüler-Lehrer-Interaktionen und der Schüler-Schüler-Beziehungen beeinflusst.

Diagnostisch gesehen ist es nicht einfach zu entscheiden, wie mit dieser Komplexität umzugehen ist. Prüft man die Aufmerksamkeit, die Motivation oder die Arbeitsgedächtnisleistungen isoliert, mag man im Vergleich zu Normgruppen geringere Testwerte erhalten. Je mehr Variablen ins Spiel gebracht werden, umso größer ist allerdings die Wahrscheinlichkeit, dass man Abweichungen feststellen kann. Aber erklären diese ausreichend die Prozesse beim Lösen konkreter Aufgaben? Kann ein etwas schlechter entwickeltes Arbeitsgedächtnis (die Anzahl von Informationen, die kurzfristig gespeichert werden kann, ist etwas geringer) nicht durch effektive Strategien kompensiert werden? Da diese Fragen schwer zu beantworten sind, ist eine Sichtweise zu bevorzugen, bei der die „mathematischen" Prozesse den Kern der Analyse darstellen.

In jedem Fall sollte eine Zusammenstellung aller Befunde zu Hypothesen darüber führen, wie die Entwicklung unterstützt werden kann, welche Bedingungen erforderlich sind, von welchem erreichten Entwicklungsniveau auszugehen ist und welche Kompetenzen sich als nächstes entwickeln werden.

3. Wie verändern sich die Kompetenzen unter den Bedingungen der Förderung? Im dritten Schritt wird die Realisierung des Förderkonzeptes beobachtet. Zu erfassen sind die Bedingungen während der Förderung (Aufgabenstellungen, Situationen), die bearbeiteten Aufgaben einschließlich möglicher Hilfestellungen und weitere Aufgabenvariationen.

Konkretisierungen oder Veränderungen des Förderkonzeptes sind zu dokumentieren. Veränderungen in den Kompetenzen sind mit einer Auswahl eines für die Förderung repräsentativen Aufgabensets abzubilden, das in Abständen wiederholt wird. Auf diese Weise sind auch die Veränderungen in den Lösungsstrategien und in den Fehllösungen zu beobachten.

4. Welche Kompetenzen hat das Kind während der Förderung entwickelt? Für diesen letzten diagnostischen Schritt werden die Ergebnisse mit den Ergebnissen der 2. Phase verglichen. Anhand individueller Bezugsnormen wird die erfolgte Entwicklung beurteilt.

Diagnostische Konzepte

Im Folgenden stehen nun Verfahrenskonzepte, mit denen die mathematischen Kompetenzen einzelner Kinder genauer untersucht werden können, im Mittelpunkt. Wir werden dazu keine vollständige Auflistung aller möglichen Aspekte und Verfahren versuchen. Dies ist in anderen Publikationen erfolgt (Ricken 2003, Schuchard / Hasselhorn 2005, Jacobs / Petermann 2007). Vielmehr soll es um einen Überblick über prinzipielle Herangehensweisen gehen, in den neue Publikationen der kommenden Jahre gut einzuordnen sind.

Wir unterscheiden als erstes nach der Art der Auswahl der Aufgaben. Auch für „klassische" diagnostische Verfahren wurden Aufgaben verwendet, die (1) Anforderungen der Curricula abbilden. Da diese zwischen den Bundesländern variieren, werden in einer Gruppe von Verfahren sogenannte Basisfähigkeiten (2) verwendet. Zu dieser zweiten Gruppe können dann Verfahren gezählt werden, die Aufgaben in nebeneinander stehenden Untertests prüfen, und Ansätze, die von hierarchischen Beziehungen zwischen Untertests ausgehen. Außerdem sind Unterscheidungen nach dem Grad der Standardisierung (Tests oder Beobachtungsverfahren) vorzunehmen.

Curriculumsbezogene Verfahren

Mit den Deutschen Mathematiktests **(DEMAT–Reihe)** wurden in den letzten Jahren vier Verfahren publiziert, mit denen es möglich ist, mathematische Leistungen von der ersten bis zur vierten Klasse zu prüfen. Die Auswahl der Aufgaben erfolgte auf der Basis der Lehrpläne der verschiedenen Bundesländer. Die Bewertung der Kompetenzen der Kinder erfolgt in Bezug auf diese Anforderungen und durch einen Vergleich der Leistungen mit Normstichproben. So wird eine Aussage darüber getroffen, wie ein Kind im Vergleich zu anderen Kindern seiner Klassenstufe die Anforderungen bewältigt, die jeweils das Ziel der Klassenstufe repräsentieren.

Mit dem **DEMAT 1+** (Krajewski et al. 2002) wird geprüft, wie gut Kinder Rechenoperationen beherrschen und über Faktenwissen verfügen, sich im Zahlenraum orientieren und Mengen zerlegen können sowie mathematische Beziehungen in Sachkontexten erkennen. Folgende Aufgabentypen (Untertests) werden verwendet: Mengen vergleichen und zuordnen, Zahlen auf dem Zahlenstrahl einordnen, Additions- sowie Subtraktionsaufgaben bis 20, Zahlenergänzungen / -zerlegungen (? + 2 = 20), Teil-Ganzes (7 + 2 = 8 + ?), Kettenaufgaben (5 + 4 + 2 + 4 = ?), Ungleichungen (6 + 12 >/</= 19) und Sachaufgaben.

Der Test ist als Gruppentest konzipiert und soll innerhalb einer Schulstunde durchführbar sein, deshalb setzen sich die einzelnen Untertests aus jeweils nur wenigen Aufgaben zusammen. Somit enthält der Test zwar eine repräsentative Anzahl von Aufgaben, die das Lehrplanziel der ersten Klassen abbilden, eine Auswertung individueller Stärken und Schwächen anhand der Aufgabentypen ist aber nicht mit ausreichender Zuverlässigkeit gegeben. Somit reduziert sich die Aussage darauf, ob ein Kind am Ende der ersten Klasse oder am Anfang der zweiten Klasse die Aufgaben insgesamt so gut wie die meisten anderen Kinder der jeweiligen Normstichproben bzw. besser oder schlechter bewältigt. Diese Gesamtaussage hat allerdings nach Schneider und Krajewski (2005) eine hohe prognostische Gültigkeit, da Unterschiede zwischen Kindern im Verlauf der Grundschule relativ stabil bleiben.

Das diagnostische Ergebnis darf aber nur dann in diesem Sinne bewertet werden, wenn im konkreten Unterricht auch das Lernangebot des Curriculums vorgehalten wurde. Der Ertrag des diagnostischen Prozesses besteht somit in erster Linie in der Validierung des Lernproblems, d.h. in der Bestätigung oder Verwerfung der Beobachtungen und Vermutungen von Lehrern und / oder Eltern den Entwicklungsstand des Kindes betreffend.

Nebengeordnete Basiskompetenzen

In einer zweiten Gruppe von Verfahren wird auf den Lehrplanbezug verzichtet. Im Vordergrund stehen hier Basiskompetenzen, wobei sich die Verfahren in der Differenierung der Basiskompetenzen und in ihrer Anzahl unterscheiden. Außerdem sind Unterschiede hinsichtlich dessen zu erkennen, wie die einzelnen Kompetenzen in Beziehung zueinander gesetzt werden: nebeneinander oder hierarchisch.

Ein Beispiel für Verfahren mit nebeneinander geordneten Kompetenzen ist die **Prozessdiagnostik mathematischer Kompetenzen** von Behring, Kretschmann und Dobrindt (1999). Hier werden zahlreiche Aufgabentypen verwendet. Eine gewisse Ordnung entsteht durch Etappen (Halbjahre der Klassen 1 und 2), die sich im Wesentlichen durch die Größe der Zahlenräume unterscheiden. Es stehen für vier Zeitpunkte Aufgaben zur Verfügung. Am Ende des ersten Halbjahres von Klasse 1 sollten Schüler z. B. Zahlen bis 10 lesen, bis 9 abschreiben, rückwärts ab 10 zählen und Mächtigkeiten von Mengen vergleichen können sowie das Zusammensetzen von Mengen und das additive Ergänzen beherrschen. Bis zum Ende des ersten Schuljahres erweitert sich der Zahlenraum bis 20, sodass die oben genannten Aufgaben mit dem erweiterten Zahlenraum verwendet werden. Dazu kommen Aufgaben zum Verdoppeln und Halbieren.

Für viele Aufgaben in diesem Raster werden Variationen auf der Grundlage von Bruner's (1971) Stufenkonzept – gegenständlich, anschaulich, verbal bzw. Ziffernaufgabe – vorgenommen. Das heißt, Anforderungen (Vergleich von Mengen) werden mit Bausteinen, Bildern, Ziffern oder Zahlworten dargestellt. Des Weiteren wird bei jeder Aufgabe beobachtet, wie das Kind die Lösung findet. Bei der Aufgabe: „Sind es gleich viele Tassen und Teller?" wird beobachtet, ob das Kind auf Bildebene jeder Tasse einen Teller zuordnet oder die Mengen auszählt und die Zahlwörter miteinander vergleicht.

Auf diese Weise entsteht für verschiedene Zeitpunkte eine „Landkarte" gelöster Aufgaben. Außerdem kann dargestellt werden, ob Aufgaben in bestimmten Formaten (gegenständlich usw.) bevorzugt gelöst werden und wie das Kind an die Aufgabenlösung herangeht.

Dieser Ansatz gehört zu den ersten Verfahren, mit denen individuelle Veränderungen in den Lösungen und Strategien erfasst wurden. Einige Punkte sind jedoch problematisch: Insgesamt entsteht eine Vielzahl von Beobachtungen, für die ein gemeinsames Interpretationsschema fehlt. Ab welcher Häufigkeit etwa kann von einer bevorzugten Darstellungsart der Aufgaben gesprochen werden? Wie ist das Lösungsverhalten bei den unterschiedlichen Aufgaben „übereinander zu legen" und damit zusammenzufassen?

Will man nicht auf quantitative Werte verzichten, sind Tests das Mittel der Wahl. In der Regel stehen dabei Normwerte (Klassenwerte) für Skalen (Gruppen von Aufgaben) zur Verfügung, die auf der Basis von Faktorenanalysen gebildet wurden. So werden Leistungsprofile darstellbar.

Im **Heidelberger Rechentest** (**HRT**, Haffner et al. 2005) für die erste bis vierte Klasse werden grundlegende Rechenoperationen sowie räumlich-visuelle Funktionen geprüft, die eine große prognostische Bedeutung für den weiteren Aufbau mathematischer Kenntnisse haben. Curriculare Überlegungen spielen keine Rolle.

Für den ersten Bereich werden folgende Aufgaben verwendet: Additions- und Subtraktionsaufgaben, Ergänzungsaufgaben, Größenvergleiche, Ungleichungen. Der zweite Bereich wird mit folgenden Aufgaben bestimmt: Zahlenfolgen fortsetzen, Erfassung von Würfelbildern, Längenschätzungen, Zählgeschwindigkeit und Geschwindigkeit beim Zahlenverbinden. Alle Aufgaben sind innerhalb einer bestimmten Zeit zu bearbeiten, was bedeutet, dass die Ergebnisse durch die Strategien der Kinder (aufwendig oder effektiv) beeinflusst werden.

Je nach Klassenstufe werden diese grundlegenden Prozesse mit 10 oder 12 Untertests geprüft. Aus den Untertests, die zum ersten Bereich (Größen- und Mengenerfassung) gehören, wird ein gemeinsamer Wert gebildet (Skala räumlich-visuelle Funktionen). Dieser wird mit dem Wert für die Skala „visuelle Reizverarbeitung“ zu einem Gesamtwert zusammengefasst. Die bisherigen Ergebnisse lassen deutliche Leistungsanstiege in allen Untertests im Verlauf des Grundschulalters erkennen. Alterseffekte drücken sich über die steigende Punktzahl aus.

Mit dem Heidelberger Rechentest sollen Profile hinsichtlich der beiden Skalen und der jeweiligen Untertests bestimmt werden. Die Werte für die Zuverlässigkeit solcher Profile liegen mit 0,57 in einem akzeptablen Bereich, sodass Stärken und Schwächen anhand der Untertests ausgewiesen werden können.

Für die Förderung sind damit die Bereiche markiert, in denen ein Kind Unterstützung benötigt. Aufgrund der Konstruktionsprinzipien des Tests sind die beiden Anforderungen der beiden Skalen „räumlich-visuelle Funktionen“ und „visuelle Reizverarbeitung“ weitgehend unabhängig von einander. Somit ist nicht ableitbar, welche Kompetenzen in welcher Reihenfolge zu fördern sind.

Verwendet man den **Eggenberger Rechentest (ERT 1+)** für die erste Klasse (Schaupp et al. 2007), gewinnt man Informationen darüber, wie die einzelnen Bereiche entwickelt sind. Diese sind etwas differenzierter als im HRT: Kognitive Grundfähigkeiten (z. B. Aufschreiben von Zahlen, Kennzeichnen von Positionen, Reihenfolgen fortsetzen, gleiche Formen erkennen), das Beherrschen mathematischer Ordnungsstrukturen (größere Zahl einkreisen, Einer- und Zehnernachbarn erkennen), ein grundlegendes Verstehen von Operationen (Addition, Subtraktion, beides auch mit ganzen Zehnern) und das Bewältigen von Aufgaben im sprachliche Kontext (Sachaufgaben). Sie sind ebenso wie im HRT das Ergebnis von Faktorenanalysen, d. h., alle Aufgaben in einem Bereich messen vergleichbare Fähigkeiten.

Für die individuelle Analyse der Kompetenzen eines Kindes stehen für alle vier Bereiche Vergleichswerte (Normwerte für die Zeitpunkte: Ende der ersten Klasse, Halbjahr zweite Klasse) zur Verfügung. Innerhalb eines Bereiches können die einzelnen Anforderungstypen (z. B. Aufschreiben von Zahlen, Faktor 1) differenziert ausgewertet werden. Damit entsteht einerseits auf der Ebene gelöster Aufgaben ein Profil von Stärken und Schwächen hinsichtlich der verschiedenen Aufgabentypen.

Im ERT 1+ wird anderseits auch vorgeschlagen, Kompetenzstufen zu unterscheiden. Dafür wird ein Modell sensu Bruner (1971) bzw. Aebli

(1976) verwendet, in dem Ebenen der Verarbeitung unterschieden werden:

1. Ebene: Eine mathematische Struktur mit realen Objekten (Würfel), Materialien, sprachlicher Begleitung und symbolischer Darstellung soll erarbeitet werden,
2. Ebene: Handlungen sollen in der Vorstellung vollzogen werden (Verinnerlichung),
3. Ebene: Rechensätze und Ergebnisse sollen im Langzeitgedächtnis fest gespeichert werden, sodass sie mit geringem kognitiven Aufwand (automatisch) abgerufen werden können,
4. Ebene: automatisierte Rechnungen müssen wieder konkretisiert werden können.

Damit werden wie in der Prozessdiagnostik von Behring et al. (1999) Prozessparameter einbezogen. Allerdings stellt sich das Gesamtbild auch hier so dar, dass verschiedene Kompetenzen nebeneinander stehen und nicht aufeinander bezogen werden.

Hierarchische Ordnung von Basiskompetenzen

Kernaussage

Hierarchische Ordnungen lassen besser als nebengeordnete erkennen, wie Kompetenzen auseinander hervorgehen, welche Voraussetzungen für den Aufbau erforderlich sind.

Im **Osnabrücker Test zur Zahlbegriffsentwicklung** (**OTZ**, van Luit et al. 2001) bilden 40 Aufgaben ein Kontinuum von Kompetenzen ab, die die frühe Zahlbegriffsentwicklung (4;6 bis 7 Jahre) ausmachen. Qualitativ sind acht Komponenten zu unterscheiden:

- Vergleichen von Merkmalen von Objekten: „Hier siehst Du Männer. Zeige auf den Mann, der dicker ist als dieser Mann."
- Klassifizieren: Zusammenfassen von Objekten zu einer Klasse: „Was kann nicht fliegen?"
- Vergleich der Mächtigkeit von Mengen durch 1-zu-1-Zuordnungen: „Hier siehst Du Kerzenhalter und Kerzen. In jeden Kerzenhalter passen Kerzen. Kannst Du Linien von den Kerzen zu den passenden Kerzenhaltern zeichnen?"

- Ordnen von Objekten nach der Reihenfolge: „Hier siehst du Kästen mit Äpfeln. Zeige auf den Kasten, in dem die Äpfel von groß nach klein geordnet sind."
- Zahlwortkenntnis bis 20: „Zähle weiter von 9 bis 15."
- Abzählen von Zahlbildern oder Holzwürfeln: „Zähle diese Würfel."
- strukturierte, unstrukturierte und versteckte Quantitäten zählen: „Hier sind 5 Würfel. Ich schiebe sie unter meine Hand. Jetzt füge ich 7 Würfel hinzu. Wie viele Würfel habe ich jetzt unter meiner Hand?"
- Sachaufgaben: „Du hast 9 Murmeln. Du verlierst 3 Murmeln. Wie viele Murmeln hast Du übrig? Zeige auf den Kasten mit der richtigen Anzahl an Murmeln."

Die Aufgaben genügen insgesamt den Anforderungen, die eine Skalierung nach dem Rasch-Modell erfordert, wobei sich die Aufgaben der acht Bereiche in der Anordnung auf der Skala durchaus vermischen. Damit lässt sich der Gesamtfähigkeitswert (Kompetenzergebnis) eines Kindes quantitativ bestimmen, der zusätzlich mit der Altersgruppe verglichen werden kann.

Für die Interpretation der Werte eines Kindes werden nun auch Niveaustufenannahmen ins Spiel gebracht. Leider bleiben die Autoren hier bei einer quantitativen Unterscheidung und bilden fünf Niveaustufen auf der Basis der Anzahl der Lösungen (ausgedrückt über Prozentränge).

Eine qualitative Unterscheidung von Fähigkeiten unter Nutzung von Kompetenzstufen wird in den ***didaktischen Lernstandsanalysen*** vorgeschlagen (z.B. **ILeA**, Klunter / Raudies 2007). Dabei handelt es sich um ein System von Aufgaben, die von Lehrern im Unterricht eingesetzt werden können, um den Lernstand eines Kindes für die Planung der individuellen Förderung zu berücksichtigen. Für die Planung stehen Vorlagen für Förderpläne und -aufgaben zur Verfügung, die der Struktur der diagnostischen Aufgaben entsprechen.

Folgende Kompetenzstufen werden für die erste Klasse unterschieden:

1. Kenntnis von Ziffern, Eigenschaften von Objekten und Mengenvergleiche (pränumerische Kompetenzen),
2. Kompetenzen im Zahlenraum bis 10 (Zerlegen von Mengen, Reihenfolgen von Mengen herstellen, Zahlworte zu Mengen ordnen, Additionsaufgaben durch Auszählen lösen),
3. Kompetenzen im Zahlenraum bis 20 und darüber (Addition und Subtraktion bei unterschiedlichen Darstellungen).

Anhand der Lösungen werden die Kinder drei Gruppen zugeordnet: Kinder, deren Voraussetzungen zum Unterrichtsangebot „passen“, Kinder, denen die Voraussetzungen fehlen, und Kinder, die mit besonders guten Voraussetzungen eingeschult wurden. Die Auswertung ist damit insgesamt eine „weichere“, d.h., es werden keine quantitativen Werte, sondern qualitative Gruppen gebildet. Für die Durchführung ist nur ein grober Rahmen vorgegeben, um eine bessere Einsetzbarkeit im Unterricht zu erreichen. Ob es mit den Materialien gelingt, Kinder mit einem Risiko für die Entwicklung von Rechenschwierigkeiten zu identifizieren und effektiv zu fördern, bleibt abzuwarten. Dazu liegen derzeit noch keine Untersuchungen vor. Auch wirkt die Niveaustufenunterscheidung noch recht grob.

Kann man noch genauer Anforderungen in Beziehung zueinander setzen? Lassen bewältigte Aufgaben Rückschlüsse auf die Konzepte zu, die Kinder entwickelt haben und aufgrund derer sie Aufgaben lösen? Lässt sich damit das Vorgehen der Kinder systematisch erfassen und interpretieren?

Fragen dieser Art sind leitend für die Entwicklung eines eigenen **Tests zur Erfassung mathematischer Kompetenzen im Vorschulalter** (Ricken et al. 2008) gewesen. Auf der Basis des in Kapitel 2 dargestellten Modells wurden Testaufgaben konstruiert und den Stufen zugeordnet. Im Mittelpunkt stehen Annahmen über die mathematischen Konzepte der Kinder, die die Bewältigung verschiedener Anforderungen erlauben (Zahlwortreihe beherrschen, protoquantitative Mengenveränderungen verstehen, ordinalen Zahlenstrahl anwenden können, Zahlen als Anzahlen verstehen, metrischen Zahlenstrahl verstehen, Teil-Teil-Ganze-Konzept beherrschen, relationalen Zahlbegriff anwenden können) oder eben auch nicht. Erste Befunde zeigen Muster in den Lösungen: Kinder bewältigen zur gleichen Zeit Gruppen von Aufgaben mit vergleichbarer Sicherheit, andere Aufgaben dagegen nicht. Weiter können Gruppen von Kindern nach Lösungen unterschieden werden, wobei sich die Gruppen gut durch die angenommenen Niveaustufen beschreiben lassen. Kinder bewältigen z.B. Aufgaben des Niveaus II sicher, die des Niveaus III erst teilweise und die des IV. Niveaus noch gar nicht. Wählt ein Kind bei der Aufgabe „Gib mir bitte 5 Murmeln, davon sollen 3 rot sein“ 5 blaue und 3 rote Murmeln aus, dann hat es vielleicht schon verstanden, dass Mengen aus Elementen bestehen. Wie Mengen aber in Beziehung zueinanderstehen, weiß es noch nicht sicher. Das Niveau IV ist noch nicht erreicht, aber in Sicht.

Auf der Basis dieser empirischen Belege werden derzeit die Aufgaben in einer großen Stichprobe 4;6- bis 7-jähriger Kinder nochmals überprüft. Neben den Lösungen der Kinder werden die Lösungsstrategien beobachtet und zu den Konzepten auf den Niveaustufen in Beziehung gesetzt. Folgende Aufgabenbeispiele werden zur Prüfung der Niveaustufen verwendet:

- **Stufe 1:** Kinder kennen Zahlwortreihen – Geprüft wird diese Stufe z. B. durch die Frage „Wie weit kannst du schon zählen?".
- **Stufe 2:** Auf dieser Stufe können Kinder die Zahlwörter einer Reihe von Objekten zuordnen. Dabei erhält jedes zählbare Objekt ein Zahlwort und jedes Zahlwort ein Objekt. Je weiter man zählt, um so „größer" wird die Zahl, umso mehr hat man gezählt. Die Zahlwortreihe steht nur als ganze Reihe zur Verfügung und muss deshalb jeweils von eins an aufgesagt werden. Geprüft wird diese Stufe mit Auszählaufgaben der folgenden Art: „Kannst Du die Punkte zählen?" (vorgegeben werden Punktmengen im Kreis und ungeordnet) oder „Welche Zahl kommt zwischen 2 und 4?".
- **Stufe 3:** Die wesentliche Weiterentwicklung auf dieser Stufe besteht im Erkennen der Mächtigkeit von Mengen. Zahlen stehen für Anzahlen von Objekten. Objekte sind in Mengen enthalten. Zur Prüfung werden Aufgaben gestellt, bei denen das Kind die Mächtigkeit der Menge bestimmen soll: „Gib mir bitte vier Plättchen!" Beim Zählen wird beobachtet, ob das Kind von einer gegebenen Menge aus weiterzählen kann oder ob es von eins an beginnen muss.
- **Stufe 4:** Auf dieser Stufe differenziert sich das Wissen über Mengen weiter aus. Die Mächtigkeit der (aufeinanderfolgenden) Mengen steigt sukzessiv um eins an. Das bedeutet, dass die Abstände zwischen benachbarten Zahlen gleich sind. Gefragt wird z. B.: „Wie heißt die Zahl, die um eins größer ist als vier?" oder „Wie heißt die Zahl, die um eins kleiner ist als drei?"

  Das Zerlegen von Mengen in Teilmengen – „Gib mir fünf Plättchen, davon sollen drei rot sein!" – ist ein Beispiel für eine Aufgabe, mit der das Teil-Teil-Ganze-Konzept auf dieser Stufe geprüft wird. Bei den Aufgaben, in denen Anzahlen bestimmt werden sollen, wird darauf geachtet, ob das Kind Mengen bereits gliedert.
- **Stufe 5:** Auf dieser Stufe differenziert sich das Teil-Teil-Ganze-Konzept und das Verständnis der Beziehungen zwischen Mengen weiter aus. Gefragt wird z. B. „Wie heißt die Zahl, die um 2 größer ist als 3?" oder „Anna hat 2 Spielkarten weniger als Tim. Tim hat 7 Karten. Wie viele Karten hat Anna?".

Neben den Lösungen der Kinder werden Strategien beobachtet. Wie geht das Kind vor? Bearbeitet es Mengenvergleiche über 1-zu-1-Zuordnungen? Zählt es Mengen von eins an aus und vergleicht die erreichten Positionen in der Zahlwortreihe, um zu entscheiden, welche Menge größer ist? Kann es Strukturen ausnutzen, weil es die Kardinaliät verstanden hat und dann von der ersten Menge an weiterzählt oder Teilmengen so bildet, dass es die Gesamtmenge rasch benennen kann?

Kernaussage

Die Kompetenzbeurteilung erfolgt durch beide Parameter: Lösungen und Strategien. Es wird nach Mustern in den Lösungen gesucht, die Rückschlüsse auf entwickelte Kompetenzen zulassen und im Unterschied zu den bisherigen Ansätzen quantitative und qualitative Aussagen möglich machen.

Die Lösungen und Strategien zeigen z. B., dass ein Kind das Konzept eines ordinalen Zahlenstrahls (Niveau II) entwickelt hat und in diesen nun im nächsten Schritt das Erkennen der Mächtigkeit von Mengen integrieren muss. Mit dem Ansatz verliert der einzelne Aufgabentyp (z. B. unterschiedlich schwierige Aufgaben zum Mengen vergleichen) an Bedeutung, und Zusammenhänge zwischen den Anforderungen (die dahinterliegenden latenten kognitiven Strukturen) bilden ein theoretisches Gerüst, um die „normale" Entwicklung und die Entwicklung von Schwierigkeiten und Störungen zu verstehen.

Die Idee, die zu diesem Kompetenzmodell geführt hat, bestand aber nicht nur im Entwurf eines diagnostischen Ansatzes, mit dem neben quantitativen Aussagen vor allem qualitative Aussagen hinsichtlich der erworbenen Konzepte der Kinder gewonnen werden können, sondern auch im Entwurf eines Förderansatzes, der eine differenzierte Ableitung von Förderzielen erlaubt.

Förderung des arithmetisch-mathematischen Wissens im Vorschul- und Grundschulalter – theoretische Grundlagen für eine Konzipierung

5

Bestätigt sich der Verdacht, dass ein Kind in der Entwicklung mathematischer Kompetenzen deutliche Schwierigkeiten hat, und liegen differenzierte Befunde zum erreichten Kompetenzniveau bzw. zu den individuellen Lernvoraussetzungen vor, so geht es nun um die Entwicklung eines Förderplanes und eines Förderkonzeptes. Zu planen ist, *wer* fördert, *wie* die Förderung zeitlich realisiert und vor allem *mit welchem* theoretischen *Konzept* gearbeitet wird.

Vorüberlegungen zur Förderung

Nach Schipper (2003) sind Rechenstörungen in erster Linie Probleme, an deren Überwindung in der Schule zu arbeiten ist. Das bedeutet, dass eine Förderung genau dort erfolgen muss, wo sich die Kompetenzen entwickeln – nämlich im Unterricht. Somit ist es eindeutig eine Aufgabe der (Grund-)Schule, Kinder in ihrer Entwicklung im Unterricht zu unterstützen. Erst wenn dort alle Ressourcen eingesetzt worden sind, sollten außerschulische Förderangebote einbezogen werden. Grundsätzlich schließen wir uns dieser Forderung an, geben aber auch zu bedenken, dass dazu eine Kompetenz der Grundschullehrerinnen und -lehrer erforderlich ist, über die diese auch 2008 noch nicht in der zu fordernden Breite verfügen.

Ein wichtiges Kriterium für eine Förderung in der Grundschule ist, wie selbstverständlich Lehrer mit der Heterogenität ihrer Klasse umgehen – Lorenz (2000) nimmt für den Zeitpunkt der Einschulung eine Entwicklungsvarianz von fünf Jahren an. Dort, wo nach dem Prinzip der natürlichen Differenzierung gearbeitet wird (Krauthausen / Scherer

2007), d.h. Lerngruppen an gemeinsamen Aufträgen mit unterschiedlich schwierigen Teilaufgaben arbeiten, sollte auch die Förderung rechenschwacher Kinder in den Unterricht integrierbar sein.

Maßnahmen innerer Differenzierung reichen allerdings oft nicht aus, sodass zumindest vorübergehend eine individuelle Förderung im Unterricht und durch zusätzliche Stunden notwendig sein kann. Lehrer sind häufig unsicher, inwieweit rechenschwache Kinder aus dem „laufenden" Programm herausgenommen werden dürfen. Bleibt die Förderung jedoch auf wenige Stunden (additiv in Einzelsituationen oder auch in der Klasse) in der Woche beschränkt, wird ihre Effektivität durch die Wirkung der anderen am „Kind vorbeigehenden Stunden" quasi wieder aufgehoben. Das heißt, die Fortschritte, die in einer Förderstunde erreicht werden, kommen in den vier regulären Mathematikstunden (mit letztlich überfordernden Anforderungen) nicht zum Tragen.

Insofern ist eine konzentrierte Förderung (die gesamte Lernzeit wird für ein individuelles Konzept genutzt), die die Entwicklung des Kindes unterstützt, zumindest vorübergehend oft dringend notwendig.

Haben die Rechenschwierigkeiten eine bestimmte „Problemgröße" überschritten, wird allgemein eine außerschulische Hilfe akzeptiert und z.T. auch finanziert. Darunter zählen Angebote lerntherapeutischer Einrichtungen. Ein Verbundsystem, in dem verschiedene Stellen (Eltern, Schulen, Schulverwaltung und Ämter) mit ihren Aktivitäten beteiligt sind und in dem die Kompetenzen der einzelnen Partner wirkungsvoll zum Tragen kommen, erscheint sinnvoll (Schipper 2003).

Kernaussage

In Entscheidungen und Planungen hinsichtlich der Förderung sind Eltern und Lehrer einzubeziehen.

Aus Untersuchungen zur kognitiv-sozialen Trainingsforschung ist bekannt, dass Transparenz in den Förderprozessen und eine umfassende Informiertheit aller Betroffenen zu einem besseren Verständnis der Situation beitragen und die Effekte der Maßnahmen verstärken. Von besonderer Bedeutung ist eine wertschätzende Einstellung gegenüber den bereits erreichten Veränderungen. Förderaufgaben selbst sollen Eltern in der Regel nicht übernehmen, um die häusliche Situation zu entlasten.

Zu den Fragen der organisatorischen Planung sind auch Fragen der grundlegenden Gestaltung der Fördersituation zu zählen. Häufig werden in diesem Zusammenhang verhaltenstherapeutisch bewährte Settings vorgeschlagen (z.B. Jacobs/Petermann 2007), mit denen die

Bedingungen für die Förderstunden geregelt werden: Ort, Zeitpunkt und -dauer (z.B. täglich eine halbe Stunde), Teilnehmer, Ziele (ich gebe mir Mühe, ich übe Mengen zu vergleichen usw.) und die Art der Rückmeldungen hinsichtlich der Arbeitsergebnisse (Art der Verstärkung des erwünschten Verhaltens: materielle oder soziale Belohnungen). Diese Bedingungen werden schriftlich in einem Vertrag festgehalten, den das Kind und der die Förderstunden gestaltende Pädagoge unterschreiben.

Konzeptuelle Überlegungen

So wie für die Diagnostik wird auch für die Konzipierung eines Förderkonzepts eine Theorie benötigt, die es erlaubt, die Leistungen des Kindes mit den individuellen Stärken und Schwächen in einen Entwicklungsverlauf einzuordnen und damit zu interpretieren. Eine Nachbearbeitung schulischer Arbeitsblätter, ein wiederholendes Üben nicht gekonnter Aufgaben und eine Reduzierung von „Lernstoff", reicht bei Weitem nicht aus, da diese Strategien lediglich ein Mehr dessen, was das Kind nicht beherrscht, beinhalten.

Kernaussage

Als erfolgreich haben sich solche Ansätze herausgestellt, denen Theorien zugrunde liegen, die möglichst spezifisch die Entwicklung beschreiben.

Gestützt auf ein solches Entwicklungskonzept lassen sich die individuellen Lernvoraussetzungen in ein Kompetenzraster einordnen und damit sowohl der individuelle Leistungstand als auch die Zone der nächsten Entwicklung kennzeichnen. Zugleich lässt sich daraus eine Struktur für die Auswahl von Anforderungen ableiten (nicht zu verwechseln mit einer Kleinschrittigkeit im Vorgehen, vgl. dazu Krauthausen / Scherer 2007), die ein „Gerüst" für die Anregung von Entwicklung darstellen.

Kernaussage

So lässt sich erreichen, dass Kinder nicht nur auf dem Niveau arbeiten, das sie bereits erarbeitet haben, sondern in der Zone ihrer nächsten Entwicklung.

In diesem Sinne setzt eine spezifische Förderarbeit ein solides mathematikdidaktisches Wissen beim fördernden Pädagogen voraus. Grundsätzlich gilt für die Auswahl der Aufgaben immer, dass diese nur als ein Angebot verstanden werden können, das vom Kind aktiv erarbeitet werden muss. Auch das beste Programm kann lediglich Aufgaben vorgeben. Wissen und Erkenntnisse müssen selbständig vom Kind konstruiert und Kompetenzen selbst entwickelt werden, indem es sich mit den Anforderungen auseinandersetzt und diese reflektiert.

Eine Chance ergibt sich, wenn folgende Prinzipien bedacht werden: Im Mittelpunkt müssen die Entwicklung mathematischer Konzepte und die Anregung der Kompetenzentwicklung stehen. Es darf nicht um ein performanzorientiertes Üben von Rechenverfahren und Tricks gehen, die Kinder nur abarbeiten, aber nicht verstehen und deren Ergebnisse sie nicht reflektieren und beurteilen können. Dagegen sollten folgende Positionen die Entwicklung von Förderkonzepten leiten (Schipper 2005):

- So gut wie möglich sollten die bisher erworbenen Kompetenzen diagnostiziert werden, sodass auf ihrer Ebene angeknüpft werden kann. Befindet sich ein Kind derzeit auf dem Niveau zwei, dann wird es auch in der Förderung entsprechend dieser Stufe zunächst Mengen auszählen und Mengen vergleichen, um darauf aufbauend im nächsten Schritt die Kardinalität zu verstehen. Bei einem solchen Vorgehen erfährt das Kind Erfolge in der Förderstunde und erlebt sich als kompetent. Diese Erfahrung ist ein wichtiger Aspekt, eine Voraussetzung dafür, dass das Kind sich auch auf Aufgaben aus einem Bereich einlässt, in dem es bisher viele Misserfolge erfahren hat.
- Aus der Manipulation mit realen Objekten müssen sich mentale Vorstellungen über den Aufbau der Zahlen und der Beziehungen zwischen ihnen entwickeln. Diese Entwicklung kann durch Strukturierungen in der Anordnung von Mengen unterstützt werden. Übungen zum raschen Erkennen von Mengen (Blitzsehen), das Zusammenfassen zu Fünfer-Einheiten, klare überschaubare Gliederungen von Mengen sind Hilfestellungen, die dazu beitragen, das Verständnis von Mengen als gliederbaren Quantitäten aufzubauen. Das Erkennen von Strukturen steht in einem engen Zusammenhang mit der Entwicklung nichtzählender Rechenstrategien (Ausnutzen von Beziehungen zwischen Aufgaben, z. B. Aufgabenfamilien, Nachbaraufgaben usw.).

- Für die Erkennung von Strukturen spielen Anschauungsmittel die entscheidende Rolle. Am besten geeignet für die Erfassung von Mengen und die Überwindung des Zählens sind Materialien, die eine Gliederung nahelegen und individuelle Bearbeitungswege ermöglichen (z. B. ein Zwanzigerfeld, siehe Abbildung 13).

  Anschauungsmittel führen nicht „von allein" zur Erkenntnis. Sie müssen verarbeitet und interpretiert werden (Krauthausen / Scherer 2007). Um in den konkreten Darstellungsformen das Wesentliche zu erkennen, sind darüber hinaus Vergleiche verschiedener Darstellungen (Zwanzigerfeld, Rechenschiffchen, Hunderterfeld, Rechenkette, Zahlenstrahl) erforderlich, um sie über den Vergleich auf ihre „Mengeninformation" hin zu analysieren. Die flexible Nutzung unterschiedlicher Materialien und ein Übersetzen einer Darstellungsform in eine andere weisen auf ein Verständnis der Strukturen hin. Die Arbeit mit Anschauungsmitteln ist somit nicht nur eine Aufgabe für schwache Schüler.
- Die Erarbeitung von Strukturen wird in der Regel nicht leichter, wenn Aufgaben in komplexe sprachliche und semantische Zusammenhänge eingebettet werden, d. h. komplizierte Geschichten mit reichhaltigem Bildmaterial entworfen werden. Besser geeignet sind solche Aufgaben, die die Entdeckung verschiedener Zusammenhänge

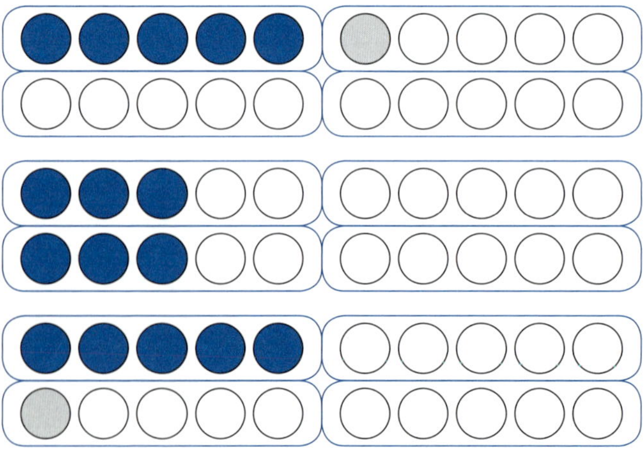

Abbildung 13: Darstellungen der 6 in einem gegliederten Zwanzigerfeld

zulassen, wie z.B. das Erfinden von Aufgaben mit Lieblingszahlen oder bestimmten Zielzahlen in Form von Zahlenmauern oder Zahlengittern (Abbildung 14).

Aufgaben dieser Art lassen verschiedene Lösungen zu und sind gut geeignet, um Lösungen zu vergleichen und sich über Vorgehensweisen auszutauschen. In der Mathematikdidaktik werden sie als „gute Aufgaben“ bezeichnet (Krauthausen / Scherer 2007). Das Erkennen von Beziehungen zwischen Aufgaben führt zu einem System von Aufgaben, in dem einzelne Aufgaben auswendig gewusst (3 + 3) und andere (3 + 4) abgeleitet werden können. Damit „besteht“ Mathematik nicht mehr aus einer Vielzahl von Aufgaben, die man sich alle merken muss, sondern aus Aufgaben, die „etwas miteinander zu tun haben“. Der Aufbau von Beziehungen erfordert allerdings, dass in nicht zu kleinen Zahlenräumen gearbeitet wird, da sich hier die Anzahl möglicher Aufgaben rasch erschöpft.

- Abschließend ist die Rolle des Übens in den Blick zu nehmen. Durch gezieltes Üben sollen Lerninhalte vertieft, reflektiert und automatisiert werden. Dies geschieht einerseits dadurch, dass Aufgabenanforderungen variiert und in unterschiedliche Kontexte eingebettet werden, um die Kenntnisse zu flexibilisieren. Andererseits sind mit den Kindern die von ihnen gewählten und andere mögliche Strategien zu besprechen, um langfristig effektive und tragfähige Strategien aufzubauen.

Diese allgemeinen Positionen sollen im Folgenden durch Beispiele von Förderkonzepten verdeutlicht werden.

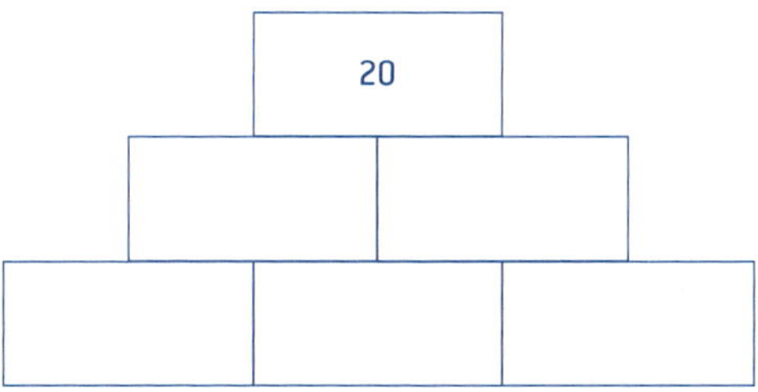

Abbildung 14: „Finde alle Kombinationen, bei denen in der Spitze der Zahlenmauer als Ergebnis 20 steht.“

Beispiele für Förderkonzepte

Förderkonzepte für das Vorschulalter

Als Folge der Bildungsdiskussion lässt sich gegenwärtig beobachten, dass neben der sprachlichen Förderung die Förderung mathematischer Kompetenzen im Kindergartenalter an Aufmerksamkeit gewinnt. Daher soll die Darstellung von Fördermaßnahmen mit Überlegungen zur Förderung von Kindern im Vorschulalter beginnen.

Van Luit und van de Rijt publizierten 1995 ein Programm, mit dem die 25 % schwächsten 5- bis 6-jährigen Kinder gefördert werden sollten. Das Programm enthält Aufgaben zu folgenden Anforderungen: Zahlwortkenntnis, Reihenfolgen bilden, Zahlbilder und Ziffern bis 5 erkennen, rückwärts zählen, Mengen vergleichen und die Mächtigkeit von Mengen erkennen.

Aus der Perspektive unseres Entwicklungsmodells wird mit Aufgaben begonnen, die Kompetenzen des zweiten Niveaus (ordinaler Zahlenstrahl) erfordern. Angeregt wird dann die Einsicht in die Mächtigkeit von Mengen, was unserer Stufe 3 (Kardinalität) entspricht.

In Deutschland existieren bisher zwei evaluierte Programme (Krajewski et al. 2006, Peucker / Weißhaupt 2005) mit einem Angebot für rechenschwache Kinder.

Kernaussage

Die Evaluationsstudien haben die Wirksamkeit der Konzepte grundsätzlich belegt. Das bedeutet, unausgelesene Kindergartengruppen, die mit diesen Programmen gefördert wurden, entwickelten deutlich bessere mathematische Vorkenntnisse als die Kindergruppen, die nicht spezifisch gefördert worden sind. Der Entwicklungsvorsprung bleibt in beiden Fällen auch nachhaltig (über einen Zeitraum von mehreren Monaten nach der Förderung) erhalten.

Im Programm von Krajewski, Nieding und Schneider (2006) wird die Verknüpfung des Zahlwortwissens mit dem Wissen über Mengen erarbeitet. Kinder sollen Zahlen als Anzahlen, als Mengen von Elementen verstehen. Gefördert wird das Vergleichen von Mengen, das Erkennen von Differenzen zwischen Mengen, das Aufteilen von Mengen in Teilmengen und umgekehrt sowie das Zusammensetzen von Mengen aus Teilmengen.

Diese Einsichten werden durch die Arbeit mit gegenständlichem und bildlichem Material in drei wöchentlichen Förderstunden über zwei Monate im letzten Kindergartenjahr entwickelt.

Peucker und Weißhaupt (2005) verwenden eine Rahmensituation (Zoo), in der verschiedene Aufgaben zu lösen sind.

Im Zentrum der neun Sitzungen stehen vor allem das Erkennen von strukturierten, gegliederten Mengen und das Zerlegen von Mengen. Damit enthält dieses Programm Aufgaben, die bereits von dem Niveau ausgehen, das in unserem Modell dem Niveau III entspricht. Angeregt wird dann die Entwicklung des Teil-Teil-Ganze-Verständnisses. Gefördert wurden die Kinder ein halbes Jahr vor der Einschulung. Auch in diesen anspruchsvollen Aufgaben erreichten die geförderten Kinder einen Entwicklungsvorsprung im Vergleich zu den nicht geförderten Kindern.

Kernaussage

Damit scheint grundsätzlich eine Entwicklungsanregung im Vorschulalter in der erwünschten spezifischen Weise möglich zu sein.

Nicht immer sind die Befunde allerdings langfristig stabil, das belegen Befunde von Aunio, Hautamäki und van Luit (2005). Sie förderten Kinder im Alter von 66 Monaten mit einem allgemeinen Denkprogramm und einem spezifischen Programm zur Entwicklung des frühen Zahlverständnisses (number sense) zweimal in der Woche über neun Monate. Die Überlegenheit der geförderten Kinder war hier nur kurzfristig, unmittelbar nach der Förderung zu belegen.

Aus der aktuellen Befundlage folgen weitere zu untersuchende Fragen wie z.B. danach, ob die prinzipiell wirksamen Programme auch präventiv für Risikokinder verwendet werden können, sodass eine Entwicklungsanregung erreicht und das Risiko einer Rechenschwäche reduziert werden kann. Auch ist nach dem Verhältnis zwischen einer allgemeinen Anregung mathematischer Kompetenzen im Kindergarten und den spezifischen Programmen zu fragen. Sind beide Ansätze zu kombinieren? Unter welchen Bedingungen müssen welche Kinder spezifisch gefördert werden? Welche Kinder profitieren von einer allgemeinen mathematischen Anregung so, dass sie langfristig spezifisch geförderten Kindern nicht mehr unterlegen sind?

Förderkonzepte für das Grundschulalter

Für das Grundschulalter liegen Praxisberichte aus verschiedenen Fördereinrichtungen (z.B. Schipper 2005, Gaidoschik 2007), einige wenige empirisch geprüfte Förderkonzepte und vor allem Ansätze für die Arbeit mit rechenschwachen Kindern im Unterricht vor (z.B. Kutzer 1981, insbesondere zum aktiv-entdeckenden Lernen, Moser Opitz 2000). Die Zusammenstellung der Aufgaben unterscheidet sich im Detail.

Kernaussage

Gemeinsam aber ist das Ziel, Kinder in der Entwicklung nichtzählender Rechenstrategien zu unterstützen, sodass sie einseitige (ordinale) Konzepte weiterentwickeln und Zählstrategien überwinden können.

Ein Beispiel für evaluierte Programme ist das *Dortmunder Zahlbegriffstraining* von Moog und Schulz (2005), das explizit für Förderschüler zweiter und dritter Klassen entwickelt wurde.

Die Autoren setzen insbesondere an den gering entwickelten Zähl- und Abzählhandlungen der Kinder an, fördern das Verständnis von Beziehungen zwischen Mengen (Teil-Teil-Ganzes) und erarbeiten erste Additionsaufgaben in Gleichungsform bis 10. Sehr differenziert werden die Zählhandlungen vom Bewegen und Anfassen der zu zählenden Punkte über das Zählen mit den Augen bis zum Zählen mit den Zahlworten gefördert. Wert gelegt wird auf einen systematischen Aufbau vom gegenständlichen Handeln bis zum Durchführen der Operationen mit Ziffern sowie auf einen intensiven Dialog mit den Kindern über ihre Vorgehensweisen.

Dieser letzte Punkt wird ebenfalls intensiv im Programm *Kalkulie* (Gerlach et al. 2007) umgesetzt.

Im Unterschied zum Dortmunder Training ist das Kalkulie-Programm als Bausteinsystem aufgebaut. Die drei Bausteine enthalten Aufgaben, die nach ihren Anforderungen geordnet wurden. Den theoretischen Rahmen dafür stellt das in Kapitel 2 vorgestellte Kompetenzstufenmodell dar.

Kinder, die bereits im ersten Schuljahr aber auch noch im zweiten oder dritten Schuljahr Schwierigkeiten zeigen, werden zuerst mit einem Aufgabenset hinsichtlich ihrer entwickelten Kompetenzen geprüft. Für diese Aufgaben liegen Normwerte vor, sodass die im Vergleich zur Klasse schwach entwickelten Kinder erkannt werden können. Außerdem steht ein Beobachtungsraster für die Strategien der Kinder zur Verfügung. Aus beiden Informationen, den bearbeiteten Aufgaben und den Lösungsstrategien, wird dann eine Hypothese über den erreichten Stand gebildet und gegebenenfalls einer der drei Bausteine für die Förderung ausgewählt.

Im Baustein 1 stehen frühe bereichsspezifische Vorraussetzungen im Mittelpunkt. Gefördert wird hier die Beherrschung der Zahlwortreihe und das Ordnen in Reihen (Stufen 1 und 2). Daran schließt sich das Vergleichen von Mengen, das Vermehren und Vermindern von Mengen, das Erfassen der Mächtigkeit von Mengen sowie das erste Aufteilen von Mengen in Teilmengen an. Im letzten Abschnitt des ersten Bausteins werden das Zahlen- und Mengenwissen (Zählzahl- und Anzahl) integriert (Stufe 3). Erste relationale Beziehungen zwischen Mengen werden erarbeitet und das Erkennen von Teil-Teil-Ganze-Beziehungen vertieft (Stufe 4).

Im Baustein 2 wird mit dem Strukturieren des Zwanzigerraums die entscheidende Basis für den Übergang vom Auszählen zum Rechnen geschaffen. Kinder sollen Zahlen als gliederbare Quantitäten verstehen, sodass sie Mengen als aus Teilmengen zusammengesetzt begreifen können. Dazu werden unterschiedliche Materialien verwendet (Rechenschiffchen, Rechenrahmen und -kette, Zwanzigerfeld und -reihe, Zahlenstrahl).

Auf dieser Basis werden im Baustein 3 nicht-zählende Rechenstrategien entwickelt und automatisiert. Dazu werden Stützpunktzahlen (Fünfer- und Zehnerzahlen) sowie Operationen des Verdoppelns und Halbierens verwendet. Immer wieder geht es auch in diesem Teil darum, das Wissen über die Zerlegungen von Zahlen und über die Beziehungen zwischen Zahlen zu entwickeln.

Innerhalb der Bausteine bearbeiten alle Kinder alle Aufgabentypen. So wird einerseits die Entwicklung ausreichend systematisch angeregt, und andererseits werden auch ausreichend viele Erfolgserlebnisse ermöglicht. Eine Adaptation an die Kompetenzen der Kinder ist insofern möglich, als dass im Programm lediglich Aufgabenstrukturen vorgegeben werden, die je nach Stand des Kindes strukturgleich zu vervielfachen sind. Das bedeutet, dass die Anforderung der Aufgabe gleich bleibt, der Kontext, die Darstellungsart oder der Zahlenbereich variiert wird.

Auch in diesem Programm wird mit verschiedenen Darstellungsformen für die Aufgaben gearbeitet, um die Kinder anzuregen, die Gemeinsamkeit der verschiedenen Aufgaben zu erkennen. Sachaufgaben gehören von Anfang dazu.

Die Auseinandersetzung mit den Aufgaben, auf deren Basis Strukturen und Beziehungen erkannt sowie Konzepte entwickelt werden können, wird grundsätzlich durch einen intensiven sprachlichen Dialog zwischen Kindern und Pädagogen unterstützt. Es geht immer um folgende Fragen: Wie bist du vorgegangen? Wie könnte man die Aufgabe noch lösen? Was hat dir geholfen? Effektive und tragfähige Strategien, die z. B. aufwendige Zählstrategie ablösen sollen, werden auf diese Weise herausgearbeitet und geübt.

Wie langfristig positive Entwicklungseffekte zu erreichen sind, kann gegenwärtig noch nicht belegt werden. Hierfür sind Längsschnittuntersuchungen erforderlich. Es ist aber anzunehmen, dass ein systematischer Wissensaufbau nur dann weiter unterstützt wird, wenn die erworbenen Kompetenzen im Unterricht gefordert werden.

Auf der Seite der Lehrer führt die Arbeit mit den Bausteinen zu einer Sensibilisierung für Entwicklungsprozesse, die aus der eigenen Perspektive weit zurückliegen oder nie problematisch waren. Differenziertere Beobachtungen von Entwicklungsprozessen, von Strategien und deren allmählicher Veränderung sollten die Basis bilden für die Wertschätzung der erarbeiteten Konzepte rechenschwacher Kinder.

Anhang

Literatur

Aebli, H. (1976): Grundlagen des Lehrens. Klett-Cotta, Stuttgart

Antell, S. E., Keating, D. P. (1983): Perception of Numerical Invariance in Neonates. Child Development, 54, 695–701

Aunio, P., Hautamäki, J., van Luit, E. H. (2005): Mathematical Thinking Intervention Programmes for Preschool Children with Normal and Low Number Sense. European Journal of Special Needs Education, 20, 131–146

Baddeley, A. D. (1986): Working Memory. Oxford University Press, Oxford

– **(1996):** Exploring the Central Executive. The Quarterly Journal of Experimental Psychology, 49, 5–8

Bauersfeld, H. (2003): Wie offen soll offener Unterricht sein? – Erwartungen und Möglichkeiten. In: Ricken, G., Fritz, A., Hofmann, Ch. (Hrsg.): Diagnose: Sonderpädagogischer Förderbedarf. Pabst, Lengerich, 474–486

Behring, K., Kretschmann, R., Dobrindt, Y. (1999): Prozessdiagnose mathematischer Kompetenzen in den Schuljahren 1 und 2. Band I–III. Persen, Horneburg

Boller, F., Graffmann, J. (1985): Acalculia. In: Frederiks, J. A. M. (Ed.): Handbook of Clinical Neurology. Elsevier Science Publishers, 47–481

Bos, W., Lankes, E.-M., Prenzel, M., Schwippert, K., Walther, G., Valtin, R. (Hrsg.) (2003): Erste Ergebnisse aus IGLU. Schülerleistungen am Ende der vierten Jahrgangsstufe im Internationalen Vergleich. Waxmann, Münster

Brown, M., Askew, M., Hodgen, J., Rhodes, V., William, D. (2003): Individual and Cohort Progression in Learning Numeracy Ages 5–11: Results from the Leverhulme 5-year Longitudinal Study. In: Lin, F. L., Guo, J. (Eds.): Proceedings of the International Conference on Science and Mathematics Learning 2003. National Taiwan Normal University, Taipei, 81–109

Bruner, J. S. (1971): Über kognitive Entwicklung. In: Bruner, J. S., Olver, R. R., Greenfield, P. M. (Hrsg.): Studien zur kognitiven Entwicklung. Klett, Stuttgart, 21–44

Cooper, R. G. Jr. (1984): Early Number Development: Discovering Number Space with Addition and Subtraction. In: Sophian, C. (Ed.): Origins of Cognitive Skills. Lawrence Erlbaum, Hillsdale, 157–192

Dehaene, S. (1992): Varieties of numerical abilities. Cognition, 44, 1–42

– (1997): The Number Sense. Oxford University Press, Oxford

Desoete, A., Roeyers, H. (2005): Cognitive Skills in Mathematical Problem Solving in Grade 3. British Journal of Educational Psychology, 75, 119–138

Dilling, H., Mombour, W., Schmidt, M. H. (Hrsg.) (1993): Internationale Klassifikation psychischer Störungen ICD-10 Kapitel V (F) Klinisch-diagnostische Leitlinien. Huber, Bern

Fritz, A. (2003): Bedingungsvariation und Fehleranalysen als Beobachtungszugänge zur Diagnosik arithmetischer Kompetenzen. In: Fritz, A., Ricken, G., Schmidt, S. (Hrsg.): Handbuch Rechenschwäche. Beltz, Weinheim, 283–308

–, Ricken, G. (2005): Früherkennung von Kindern mit Schwierigkeiten im Erwerb von Rechenfertigkeiten. In: Hasselhorn, M., Marx, H., Schneider, W. (Hrsg.): Diagnostik von Mathematikleistungen. Tests und Trends, N. F. Band 4. Jahrbuch der pädagogisch-psychologischen Diagnostik, Hogrefe, Göttingen, 5–27

Fuson, C. K (1988): Children's Counting and Concepts of Number. Springer, Berlin

– (1992a): Research on Learning and Teaching Addition and Subtraction of Whole Numbers. In: Leinhardt, G., Putnam, R., Hattrup, R. A. (eds.): Analysis of Arithmetic for Mathematics Teaching. Lawrence Erlbaum Associates, Hillsdale, 53–187

– (1992b): Relationships Between Counting and Cardinality From Age 2 to Age 8. In: Bideaud, J., Meljac, C., Fischer, J.-P. (eds.): Pathways To Number. Lawrence Erlbaum, Hillsdale, 127–149

–, Hall, J. W. (1983): The Acquisition of Early Number and Word Meanings: A Conceptual Analysis and Review. In: Ginsburg, H. P. (Ed.): The Development of Mathematical Thinking. Academic, New York

Gaidoschik, M. (2004): Förderung rechenschwacher Kinder: Wege und Irrwege. Vortrag Dyskalkulie-Symposium, Klagenfurt, www.rechenschwaeche.at/homepics/klagenfurt-2004.pdf, 01.02.2008

– (2007): Rechenschwäche verstehen – Kinder gezielt fördern. Persen, Horneburg

Gaupp, N. (2003): Dyskalkulie. Arbeitsgedächtnisdefizite und Defizite numerischer Basiskompetenzen rechenschwacher Kinder. Logos, Berlin

Geary, D. C. (1993): Mathematical Disabilities: Cognition, Neuropsychological and Genetic Components. Psychological Bulletin, 114, 345–362

Gelman R., Gallistel, C. R. (1978): The Child´s Understanding of Number. Harvard University Press, Cambridge

Gerlach, M., Fritz, A., Ricken, G., Schmidt, S. (2007): Kalkulie – Diagnose – und Trainingsprogramm für rechenschwache Kinder. Bausteine 1–3. Cornelsen, Berlin

Gerster H.-D. (2003): Schwierigkeiten beim Erwerb arithmetischer Konzepte im Anfangsunterricht. In: Lenart, F., Holzer, N., Schaupp, H. (Hrsg.): Rechenschwäche, Rechenstörung, Dyskalkulie. Leykam, Graz, 154–160

–, Schultz, R. (2000): Schwierigkeiten beim Erwerb mathematischer Konzepte im Anfangsunterricht. Forschungsbericht. Institut für Mathematik und Informatik und ihre Didaktiken, Freiburg

Gifford, S. (2005): Young Children's Difficulties in Learning Mathematics. Review of Research in Relation to Dyscalculia. In: www.qca.org.uk/downloads/mathematics_report.pdf. html, 13.3.2006

Grassmann, M., Mirwald, E., Klunter, M., Veith, U.(1995): Aritmetische Kompetenzen von Schulanfängern – Schlussfolgerungen für die Gestaltung des Anfangsunterrichts. Sachunterricht und Mathematik in der Primarstufe, 23, 314–321

Gross-Tsur, V., Manor, O., Shalev, R. S. (1996): Developmental Dyscalculia: Prevalence and Demographic Features. Developmental Medicine and Child Neurology, 38, 25–33

Grube, D. (2006): Entwicklung des Rechnens im Grundschulalter: Basale Fertigkeiten, Wissensabruf und Arbeitsgedächtniseinflüsse. Waxmann, Münster

– **(2008):** Rechenschwäche. In: Schneider, W., Hasselhorn, M. (Hrsg.): Handbuch der Psychologie, Bd. Pädagogische Psychologie. Hogrefe, Göttingen, 420–430

Haffner, J., Baro, K., Parzer, P., Resch, F. (2005): Heidelberger Rechentest. Hogrefe, Göttingen

Hein, J., Bzufka, M. W., Neumärker, K.-J. (2000): The Specific Disorder of Arithmetic Skills. Prevalence Studies in a Rural and an Urban Population Sample and their Clinico-Neuropsychological Validation. European Child and Adolescent Psychiatry, 9, Suppl. 2, 87–101

Helmke, A. (1997): Individuelle Bedingungsfaktoren der Schulleistung: Ergebnisse aus dem SCHOLASTIK-Projekt. In: Weinert, F. E., Helmke, A. (Hrsg.): Entwicklung im Grundschulalter. Beltz PVU, Weinheim, 203–216

–, Hosenfeld, I. (2003): Vergleichsarbeiten (VERA): Eine Standortbestimmung zur Sicherung schulischer Kompetenzen – Teil 1: Grundlagen, Ziele, Realisierung. Schulverwaltung, Ausgabe Hessen / Rheinland-Pfalz / Saarland (1), 10–13

–, Hosenfeld, I. (2004): Vergleichsarbeiten – Standards – Kompetenzstufen: Begriffliche Klärung und Perspektiven. In: Wosnitza, M., Frey, A., Jäger, R. S. (Hrsg.): Lernprozess, Lernumgebung und Lerndiagnostik. Empirische Pädagogik, Landau, 56–76

Hengartner, E., Röthlisberger, H. (1995): Rechenfähigkeit von Schulanfängern. In: Brügelmann, H., Balhorn, H., Füssenich, I. (Hrsg.): Am Rande der Schrift. Libelle, Lengwil, 66–86

Humbach, M. (2008): Kompetenzstufen arithmetischen Basiswissens in der Klasse 10. Empirische Untersuchungen unter besonderer Berücksichtigung der Entwicklung eines Testinstruments und fehlerdiagnostischer Analysen. Dissertation, Essen

–, Fritz, A. (2007): Mathematische Basiskompetenzen in den Eingangsklassen der Sekundarstufe I – Quantitative und qualitative Analysen. Vortrag auf der 11. Fachtagung Pädagogische Psychologie vom 17.09. bis 19.09.2007 an der Humboldt-Universität zu Berlin

Ingenkamp, K., Lissmann, U. (2005): Lehrbuch der Pädagogischen Diagnostik. Beltz, Weinheim

Irwin, K. C. (1996): Children's Understanding of the Principles of Covariation and Compensation in Part-Whole Relationships. Journal for Research in Mathematics Education, 1, 25–40

Jacobs, C., Petermann, F. (2007): Rechenstörungen. Hogrefe, Göttingen

Jäger, R. S. (2004): Von der Beobachtung zur Notengebung. Ein Lehrbuch. Diagnostik und Benotung in der Aus-, Fort- und Weiterbildung. 5. Auflage. Empirische Pädagogik, Landau

Jiménez González, J. E., García Espinel, A. I. (1999): Is IQ-Achievement Discrepancy Relevant in the Definition of Arithmetic Learning Disabilities? Learning Disability Quarterly, 22, 291–301

Jordan, N. C., Kaplan, D., Nabors Oláh, L., Locuniak, M. (2006): Number Sense Growth in Kindergarten: A Longitudinal Investigation of Children at Risk for Mathematics Difficulties. Child Development, 24, 153–175

Kaufmann, L., Nuerk, H.-C. (2005): Numerical Development: Current Issues and Future Perspectives. Psychological Science, 47, 142–170

Kaufmann, S. (2003): Früherkennung von Rechenstörungen in der Eingangsklasse der Grundschule und darauf abgestimmte remediale Maßnahmen. Peter Lang, Frankfurt

Klieme E., Avenarius, H., Blum, W., Döbrich, P., Gruber, H., Prenzel, M., Reiß, K., Riquarts, K., Rost, J., Tenorth, H. E., Vollmer, H. J. (2003): Zur Entwicklung nationaler Bildungsstandards. Eine Expertise. BMBF, Berlin

–, Leutner, D. (2006): Kompetenzmodelle zur Erfassung individueller Lernergebnisse und zur Bilanzierung von Bildungsprozessen. Zeitschrift für Pädagogik, 52, 876–903

Klunter, M., Raudies, M. (2007): Lernstandsanalyse im Unterricht. Reader ILeA. In: www.bildung-brandenburg.de/fileadmin/bbs/unterricht_und_pruefungen/rahmenlehrplaene/grundschule/lernstandsanalyse/pdf_ilea1_reader/9._Lernstandsanalyse_im_Mathematikunterricht.pdf, 10.02.2008

Krajewski, K., Nieding G., Schneider, W. (2006): Mengen, zählen, Zahlen. Cornelsen, Berlin

–, Schneider, W. (2006): Mathematische Vorläuferfertigkeiten im Vorschulalter und ihre Vorhersagekraft für die Mathematikleistungen bis zum Ende der Grundschulzeit. Psychologie in Erziehung und Unterricht, 53, 246–262

–, (2003): Vorhersage von Rechenschwäche in der Grundschule. Kovac, Hamburg

–, Küspert, P., Schneider, W., Visé, M. (2002): Deutscher Mathematiktest für erste Klassen (DEMAT 1+). Hogrefe, Göttingen

Krauthausen, G., Scherer, P. (2007): Einführung in die Mathematikdidaktik. 3. Auflage. Spektrum Akademischer Verlag, Heidelberg

Kretschmann, R. (2003): Förderdiagnostik und Förderpläne. In: Ricken, G., Fritz, A., Hofmann, C. (Hrsg.): Diagnose: Sonderpädagogischer Förderbedarf. Pabst, Lengerich, 369–385

Krombholz, H. (1993): Händigkeit, Körperschema und kognitive und motorische Leistungen im Kindesalter – eine Literaturübersicht. Schweizerische Zeitschrift für Psychologie, 52, 271–286

Kutzer, R. (1981): Mathematik entdecken und verstehen. Lehrerband I. Diesterweg, Frankfurt

–, Probst, H. (o. J.): Strukturbezogene Aufgaben zur Prüfung mathematischer Einsichten. Phillips-Universität Marburg, Institut für Heil- und Sonderpädagogik. Marburg

Landerl, K., Butterworth, B. (2003): Spezifische Rechenschwierigkeiten / Dyskalkulie: Viele Fragen, erste Antworten. In: Lenart, F., Holzer, N., Schaupp, H. (Hrsg.): Rechenschwäche, Rechenstörung, Dyskalkulie. Leykam, Graz, 32–38

–, Bevan, A., Butterworth, B. (2004). Developmental Dyscalculia and Basic Numerical Capacities: A Study of 8-9 Year Old Students. Cognition, 93, 99–125

Leutner, D. (2006): Pädagogisch-psychologische Diagnostik. In: Rost, D. H. (Hrsg.): Handwörterbuch Pädagogische Psychologie. 3. Auflage. Beltz, Weinheim, 559–568

Lorenz, J. H. (2000): Aus Fehlern wird man … Irrtümer in der Mathematikdidaktik des 20. Jahrhunderts, Grundschule, 1, 19–22

– **(2003):** Überblick über Theorien zur Entstehung und Entwicklung von Rechenschwächen. In: Fritz, A., Ricken, G., Schmidt, S. (Hrsg.): Handbuch Rechenschwäche Beltz, Weinheim, 144–162

– **(2005):** Diagnostik mathematischer Basiskompetenzen im Vorschulalter. In: Hasselhorn, M., Marx, H., Schneider, W. (Hrsg.): Diagnostik von Mathematikleistungen. Tests und Trends, N. F. Band 4. Jahrbuch der pädagogisch-psychologischen Diagnostik, Hogrefe, Göttingen, 29–48

Mazzocco, M. M. M., Myers, G. F. (2003). Complexities in Identifying and Defining Mathematics Learning Disability in the Primary School-Age Years. Annals of Dyslexia, 53, 218–253

–, Thompson, R. E. (2005). Kindergarten Predictors of Math Learning Disability. Learning Disabilities Research and Practice 20, 142–155

Moog, W., Schulz, A. (2005): Zahlen begreifen: Diagnose und Förderung bei Kindern mit Rechenschwierigkeiten. 2. Auflage. Beltz, Weinheim

Moser Opitz, E. (2000): Zählen-Zahlbegriff-Rechnen. Theoretische Grundlagen und eine empirische Untersuchung zum mathematischen Erstunterricht in Sonderklassen. Haupt, Bern

Ostad, A. S. (1997): Developmental Differences in Addition Strategies: A Comparison of Mathematically Disabled and Mathematically Normal Children. In: British Journal of Educational Psychology, 67, 345–537

Peucker, S., Weißhaupt, St. (2005): FEZ – Ein Programm zur Förderung mathematischen Vorwissens im Vorschulalter. Zeitschrift für Heilpädagogik, 8, 300–305

Piaget, J. (1958): Die Genese der Zahl beim Kinde. Westermanns Pädagogische Beiträge, 9, 357–367

–, Szeminska, A. (1975): Die Entwicklung des Zahlbegriffs beim Kinde. Klett, Stuttgart

Pisa-Konsortium Deutschland (Hrsg.) (2004): Pisa 2003. Waxmann, Münster

Prengel, A., Liebers, K., Klunter, M., Kroner, H., Peschel, Ch., Raudies, M., Ritter, Ch., Sassa, A., Scheerer-Neumann, G. (2007): Individuelle Lernstandsanalysen, Leitfaden 1. Landesinstitut für Schule und Medien Berlin-Brandenburg, Ludwigsfelde

Radatz, H., Schipper, W. (1983): Handbuch für den Mathematikunterricht an Grundschulen. Schroedel, Hannover

Reiss, K., Heinze, A., Pekrun, R. (2007): Mathematische Kompetenz und ihre Entwicklung in der Grundschule. Zeitschrift für Erziehungswissenschaft, Beiheft Kompetenzdiagnostik, 107–128

Resnick, L. B. (1983): A Developmental Theory of Number Understanding. In: Ginsburg, H. (Ed.): The Development of Mathematical Thinking. Academic Press, New York, 109–151

–, Bill, V. L., Lesgold, S. B., Leer, M. N. (1991): Thinking in Arithmetic class. In Means, B., Chelemer, C., Knapp, M. S. (Eds.): Teaching Advanced Skills To At-Risk Students. Jossey-Bass Publishers, San Francisco; Oxford 27–53

Ricken, G. (2003): Psychometrische und entwicklungsorientierte Verfahren zur Diagnostik des Rechnens. In: Fritz, A., Ricken, G., Schmidt, S. (Hrsg.): Handbuch Rechenschwäche. Beltz, Weinheim, 260–282

–, Fritz, A. (2007): Gegenstandstheoretische Konzepte als diagnostische Basis. In: Walter, J., Wember, F. B. (Hrsg.): Sonderpädagogik des Lernens. Hogrefe, Göttingen, 184–206

–, Fritz, A.; Balzer, L. (2008). Test zur Erfassung mathematischer Kompetenzen im Vorschulalter. Hogrefe, Göttingen

Rinkens, H.-D. (2008): Arithmetische Fähigkeiten am Schulanfang. In: www.rinkens-hd.de, 01.02.2008

Ross, S. H. (1989): Parts, Wholes, and Place Value: A Developmental View. Arithm. Teacher, 36, 47–51

Schaupp, H., Holzer, N., Lenart, F. (2007): Eggenberger Rechentest 1+. Hogrefe, Göttingen

Schipper, W. (2003): Thesen und Empfehlungen zum schulischen und außerschulischen Umgang mit Rechenstörungen. In: Lenart, F., Holzer, N., Schaupp, H. (Hrsg.): Rechenschwäche, Rechenstörung, Dyskalkulie. Leykam, Graz, 103–121

– (2005): Lernschwierigkeiten erkennen – verständnisvolles Lernen fördern. In: wwww.learnline.de/angebote/sinus/grundschule/projektbeschreibung/Mathematik/Modul_Mathe4.pdf, 01.01.2008

Schmidt, R. (1982): Zahlenkenntnisse von Schulanfängern. Hessisches Institut für Bildungsplanung und Schulentwicklung, Wiesbaden

–, Weiser, W. (1982): Zählen und Zahlverständnis von Schulanfängern. Zählen und der kardinale Aspekt natürlicher Zahlen. Journal für Mathematikdidaktik, 3, 227–263

Schuchard, K., Hasselhorn, M. (2005): Übersicht über aktuell verfügbare deutschsprachige Testverfahren zur Erfassung von Mathematikleistungen, -kompetenzen und -schwächen. In: Hasselhorn, M., Marx, H., Schneider, W. (Hrsg.): Diagnostik von Mathematikleistungen. Tests und Trends. Band 4. Hogrefe, Göttingen, 301–313

Schuck, K. D. (2000). Diagnostik. In: Borchert, J. (Hrsg.): Handbuch der Sonderpädagogischen Psychologie. Hogrefe, Göttingen, 233–249

Schwenck, C., Schneider, W. (2003): Der Zusammenhang von Rechen- und Schriftsprachkompetenz im frühen Grundschulalter. Zeitschrift für Pädagogische Psychologie, 17, 261–267

Schwippert, K., Bos, W., Lankes, E.-M. (2003): Heterogenität und Chancengleichheit am Ende der vierten Jahrgangsstufe im internationalen Vergleich. In: Bos, W., Lankes, E.-M., Prenzel, M., Schwippert, K., Walther, G., Valtin, R. (Hrsg.): Erste Ergebnisse aus IGLU. Schülerleistungen am Ende der vierten Jahrgangsstufe im Internationalen Vergleich. Waxmann, Münster, 265–302

Selter, Ch. (1995): Zur Fiktivität der „Stunde Null“ im arithmetischen Anfangsunterricht. Mathematische Unterrichtspraxis, 2, 11–19

–, Spiegel, H. (1997): Wie Kinder rechnen. Klett, Leipzig

Siegler, R. S. (1987): The Perils of Averaging Data Over Strategies: An Example From Children´s Addition. Journal of Experimental Psychology: General, 116, 250–264

Simon, T. H., Hespos, S. J., Rochat, P. (1995): Do Infants Understand Simple Arithmetic? A Replication of Wynn (1992). Cognitive Development, 10, 253–269

Stanovich, K. E. (1999): The Sociopsychometrics of Learning Disabilities. Journal of Learning Disabilities, 32, 350–361

Starkey, P., Cooper, R. G. (1980): Perception of Numbers by Human Infants. Science, 210, 1033–1035

Steffe, L. P., Cobb, P. (1988): Construction of Arithmetical Meanings and Strategies. Springer, New York

Stern, E. (1997): Erwerb mathematischer Kompetenzen. Ergebnisse aus dem SCHOLASTIK-Projekt. In: Weinert, F. E., Helmke, A. (Hrsg.): Entwicklung im Grundschulalter. Psychologie Verlags Union, Weinheim, 157–170

van den Heuvel-Panhuizen, M. (1995): Assessment and Realistic Mathematics Education. Center for Science and Mathemitic Education, Utrecht

van Luit, J. E., van de Rijt, B. A. M. (1995): Rekenhulp voor kleuters. Graviant, Doetichem

–, Hasemann, K. (2001): Osnabrücker Test zur Zahlbegriffsentwicklung. OTZ. Hogrefe, Göttingen

van Nieuwenhoven, C., Gregoire, J., Noel, M.-P. (2001): Le TEDI-MATH. Test Diagnostique des Compétences de Base en Mathématiques. Les Editions du Centre de Psychologie Appliquée, Paris

von Aster, M., Weinhold, M., Horn, R. (2006): ZAREKI-R. Testverfahren zur Dyskalkulie. 2. Auflage. Hogrefe, Göttingen

Walther, G., Geisel, H., Langeheine, R., Lobemeier, K. (2003): Mathematische Kompetenzen am Ende der vierten Jahrgangsstufe. In: Bos, W., Lankes, E.-M., Prenzel, M., Schwippert, K., Walther, G., Valtin, R. (Hrsg.): Erste Ergebnisse aus IGLU: Schülerleistungen am Ende der vierten Jahrgangsstufe im internationalen Vergleich. Waxmann, Münster, 190–226

Weißhaupt, S., Peucker, S., Wirtz, M. (2006): Diagnose mathematischen Vorwissens im Vorschulalter und Vorhersage von Rechenleistungen und Rechenschwierigkeiten in der Grundschule. Psychologie in Erziehung und Unterricht, 4, 236–245

Weinert, F. E. (2000): Begabung und Lernen. Zur Entwicklung geistiger Leistungsunterschiede. Neue Sammlung, 3, 353–368

Wember, F. (2003): Die Entwicklung des Zahlbegriffs aus psychologischer Sicht. In: Fritz, A., Ricken, G., Schmidt, S. (Hrsg): Handbuch Rechenschwäche. Beltz, Weinheim, 48–65

Wynn, K. (1990): Children´s Understanding of Counting. Cognition, 36, 155–193

– (1992): Addition and Subtraction by Human Infants. Nature, 358, 749–750

– (1995): Origins of Numerical Knowledge. Mathematical Cognition, 1, 35–60

– (1996): Infants´ Individuation and Enumeration of Actions. Psychological Science, 7, 164–169

Xu, F., Carey, S. (1996): Infants´ Metaphysics: The Case of Numerical Identity. Cognitive Psychology, 30, 111–153

Sachregister